Ist es noch weit bis zum Erwachen?

OLIVIER REIGEN WANG-GENH

IST ES NOCH WEIT BIS ZUM ERWACHEN?

ZEN-BUDDHISMUS LEBEN UND ERFAHREN

ZEN-MEISTER WANG-GENH
IM GESPRÄCH MIT
PASCAL KENGAN NORMANDIN

道

WERNER KRISTKEITZ VERLAG

Die Übersetzung aus dem Französischen besorgten Leslie Baroche, Michael Brenner, Ingrid Daar, Gabriele Lucius-Hoene, Stefan Müller-Hieke, Peter Klausmann, Franziska Sané, Heike Schmitt, Joachim Wagner.

ISBN 978-3-948378-13-4

www.kristkeitz.de

Inhalt

Redaktionelle Anmerkung:

Wesentliche Fachbegriffe werden im Glossar am Ende des Buchs erläutert.
Bei Begriffen aus dem Sanskrit oder Pali verwenden wir wie weithin üblich das Genus der Originalsprache, schreiben also «der Dharma», «der Samādhi» etc.

Einleitung

Ist es noch weit bis zum Erwachen?

«Papa, ist es noch weit bis Amerika?» –«Sei still und schwimm», antwortet der Vater zum hundertsten Mal. Jeder kennt diese Fragen ungeduldiger Kinder, die es eilig haben anzukommen. Die Frage scheint wie gemacht für alles, was die verschiedenen Meditationen und spirituellen Wege betrifft, wo wir es alle so eilig haben, den heiligen Gral unserer Sehnsüchte zu erlangen: die Ruhe, die Erleuchtung oder das Erwachen, und dabei nicht die einfachen Worte des andalusischen Dichters Antonio Machado bedenken: «Caminante, no hay camino; se hace camino al andar ...» – «Wanderer, es gibt keinen Weg; der Weg entsteht beim Gehen ...»

Vor ungefähr zwanzig Jahren, als ich noch leitender Angestellter in dem Unternehmen war, wo ich den größten Teil meines Berufslebens verbracht habe, sprach mich eines Tages eine Kollegin während eines angeregt verlaufenden Meetings an: «Du, ich habe dich gestern im Fernsehen gesehen! Ich wusste nicht, dass du Buddhist bist und Zen machst. Kannst du uns erklären, wie man es hinbekommt, ‹Zen zu leben›?»

Mehr als zehn Jahre hatte ich darauf geachtet, meine Praxis als Zen-Mönch der Sōtō-Tradition nicht bekannt werden zu lassen, denn ich wollte die Dinge nicht vermischen. Es war mir mehr oder weniger gelungen, und mit einem Schlag brach alles zusammen. Meine erste Reaktion war, zu sagen, sie müsse sich geirrt haben und es habe sich um jemanden anders gehandelt ... «Aber es war dein Name auf dem Bildschirm!», fügte sie verschmitzt zu. «Ja, okay, ich war es schon», gestand ich, wissend, dass ein neues Kapitel begonnen hatte und nichts mehr wie vorher sein würde. Und in der Tat, während jeder Pause kam der ein oder andere Kollege auf mich zu und stellte mir Fragen zur Meditation und zu ihren positiven Auswirkungen im Umgang mit Stress und «störenden Gefühlen».

Heute wenden sich immer mehr Menschen Meditationspraktiken zu und sind auf der Suche nach «Techniken», die ihnen helfen können, einen Alltag zu bewältigen, der immer gedrängter, schneller, fordernder und sehr oft als stressig, im negativen Sinn des Wortes, empfunden wird. In diesem allgemeinen Gefühl der Beschleunigung der Zeit und der Aufgaben werden das «Immer-Mehr», das «Immer-Besser» und das «Immer-Schneller» eine Art Norm und schleichen sich unmerklich in das tägliche Leben ein. Von diesem Gefühl angesteckt, suchen wir nach Methoden oder Techniken, die es ermöglichen, den kräftezehrenden und beängstigenden Rhythmus zu verlangsamen. Die verschiedenen Arten der «Meditation» rufen ein immer regeres Interesse hervor. Seit ungefähr zehn Jahren verbindet sich Meditation mit therapeutischen und anwendungsorientierten Ansätzen: Umgang mit Stress und Gefühlen, Sinnfindung, den Kontakt mit sich selbst und seinem Körper wiederfinden, verschiedenste Depressionen und Burn-outs heilen, effizienter und produktiver sein ... Es ist das Paradox dieser Herangehensweisen, dass sie oft einem verzweifelten Wettlauf ähneln, einer überstürzten Flucht nach vorn: abschalten, Platz schaffen, anhalten, aber ... um sich desto mehr aufzubürden und loszurasen.

Ich praktiziere Zen und Zazen, die Zen-Meditation, seit mehr als fünfundvierzig Jahren. Ich hatte das große Glück, sehr jung zu beginnen, mit siebzehn Jahren, und schon bald einem sehr großen Meister zu begegnen: Taisen Deshimaru, von dem ich mit einundzwanzig die Mönchsordination erhalten habe. Die Entscheidung, Mönch in der Sōtō-Zen-Tradition zu werden, beinhaltet mehrere Verpflichtungen, deren wichtigste ist, täglich

Zazen zu praktizieren, die Zen-Meditation. Man soll auch den Unterweisungen seines Meisters folgen und natürlich die Ethik und wichtigen Gebote des Mahāyāna-Buddhismus achten. Die Sōtō-Zen-Tradition erlaubt den Mönchen und Nonnen, ein Familienleben zu führen und einer beruflichen Tätigkeit nachzugehen, im Einklang mit den spirituellen Verpflichtungen. Was auf den ersten Blick leichter erscheint, erweist sich in Wirklichkeit als viel schwieriger, denn alle Bereiche unseres Lebens sind natürlich direkt von unserer Praxis als Mönch oder Nonne betroffen: die Arbeit, der wir nachgehen, die Art und Weise, wie wir sie bewältigen, unser Ehe- und Familienleben, unsere Freundschaften, unsere gesellschaftlichen Beziehungen und natürlich all unsere persönlichen Verpflichtungen.

Alle Entscheidungen, die ich seitdem getroffen habe, wurzelten in meinem Engagement für die Zen-Praxis. Und so habe ich in den vergangenen Jahrzehnten alle Freuden des Lebens erlebt: Hochzeiten, die Geburten dreier toller Jungen, berufliche und persönliche Erfolge, aber auch alle schmerzhaften Momente, mit denen ein jeder konfrontiert wird: Scheidungen, der Tod meiner Eltern, meines Meisters, zweier meiner Brüder, vieler Freunde und mir Nahestehender, Entlassungen, Arbeitslosigkeit usw. Während dieser Höhen und Tiefen hat mich die Zen-Praxis auf stille und unauffällige Weise begleitet, ein bisschen wie bei einer Leinwand, auf die man einen Film projiziert, unsichtbar, aber notwendig. Die Praxis der Meditation im Alltag verwandelt unser Leben keineswegs in einen langsamen, ruhigen Fluss und ist sicherlich kein Mittel gegen die Unwägbarkeiten unserer Existenz. Die Art und Weise hingegen, wie wir die Dinge leben, wie wir sie aufnehmen und verstehen, was wir daraus lernen, und die Veränderungen, die sie hervorrufen, sind die Quelle eines beständigen Hinterfragens aller Vorurteile und vorgefassten Meinungen, die unsere Wahrnehmung unser selbst und der Welt allzu oft verstellen.

Die tägliche Praxis der Zen-Meditation versucht nicht, sich mit den Folgen dessen zu befassen, was man *mumyō*, die Unwissenheit, *avidyā* auf Sanskrit, nennt, aber sie ermöglicht, den grundlegenden Irrtum zu erkennen, auf dem die Wahrnehmung unser selbst beruht. Die Folgen der Unwissenheit über die «Natur des Selbst» sind zahlreich: Anhaftung an eine Persönlichkeit, unzählige Ängste, Ruhelosigkeit, Gier, Wut und alle Arten von Leiden. Sie sind in allen Bereichen unseres täglichen Lebens gegenwärtig. Aber solang wir die Ursache nicht klären, manifestieren sich die Folgen, und solang wir nicht von der Zazen-Erfahrung aus den Ursprung dieser Unwissenheit verstehen, versuchen wir, mit mehr oder weniger Erfolg, Pflaster auf unsere Wunden zu kleben und selbstgebastelte Lösungen für unsere Probleme zu finden. Ein spiritueller Weg wie der Zen-Buddhismus befähigt uns, dieses «Wissen» zu erlangen. Es ist eher intuitiv und aus der Erfahrung geboren als intellektuell oder rational.

Seit Beginn der Siebzigerjahre hatte ich auch das Glück, Zeuge und aktiver Gestalter der Verbreitung des Buddhismus in Frankreich und Europa zu sein: zuerst auf lokaler Ebene im Straßburger Zen-Zentrum, dann auf regionaler, wo ich im Elsass und in Süddeutschland mehr als ein Dutzend Orte der Praxis gründete, 1999 mit der Gründung des Zen-Klosters Ryūmon-ji, anschließend auf nationaler Ebene, als ich 2007 Präsident der buddhistischen Union Frankreichs (UBF) wurde, in die ich mich auch weiterhin aktiv einbringe. Auf europäischer Ebene schließlich, da ich seit ungefähr zehn Jahren die UBF bei der European Buddhist Union (EBU) vertrete.

So konnte ich dazu beitragen, dass sich die Wahrnehmung des Buddhismus in Frankreich weiterentwickelt hat, in der breiten Öffentlichkeit, bei den politisch Verantwortlichen, den Behörden, den Medien, aber auch bei den anderen Religionen, mit denen wir immer mehr ins Gespräch gekommen sind. Ich muss schon sagen, dass wir anfangs bestenfalls als nette Originale wahrgenommen wurden, aber manchmal auch als etwas seltsame und beunruhigende Sekte. Im Lauf der Jahre wurde der Buddhismus immer sichtbarer, auf unaufdringliche und friedliche Weise: sehr große Einwanderungswellen in den Siebzigerjahren infolge der Kriege in Südostasien und der Besetzung Tibets, Medienberichterstattung über große Persönlichkeiten wie den Dalai Lama, den ehrwürdigen Thích Nhât Hanh, große Zen-Meister wie Deshimaru-Rōshi oder Suzuki-Rōshi sowie über ehrwürdige Tibeter wie Kalu Rinpoche. Hinzu kam das wachsende Interesse im Westen an den buddhistischen Meditationen und an den Werten und Praktiken dieser nicht-theistischen, undogmatischen und auf tiefe Weise gewaltfreien Religion.

Das hat mir auch ermöglicht, die anderen buddhistischen Traditionen zu entdecken und wertzuschätzen, Theravāda und Vajrayāna vor allem, sowie ihre kulturellen Eigenheiten zu sehen. Wenn auch über die Grundlagen der Lehre alles in allem Einigkeit besteht, sind doch die kulturellen Besonderheiten zahlreich und beeinflussen sowohl die religiöse als auch rituelle Ausgestaltung. Das ist sicherlich eine der Hauptherausforderungen für die verschiedenen buddhistischen Schulen, die sich in Europa und vor allem in Frankreich verbreitet haben: sich Zeit zum Ergründen und Verstehen nehmen und dabei die Essenz der Buddha-Lehre bewahren, ohne alle kulturell bedingten Aspekte beizubehalten. In den letzten Jahrtausenden hat der Buddhismus eine bemerkenswerte Fähigkeit zur Anpassung und Akkulturation gezeigt. So konnte er sich in so unterschiedlichen Kulturen wie denen von Indien, China, Thailand, Korea oder auch Japan verbreiten.

Das ist zweifellos das, was sich augenblicklich in Frankreich zu Beginn des 21. Jahrhunderts ereignet, mit allen Gefahren, die sich aus den Besonderheiten unserer Zeit ergeben: zu schnelle Aneignung, oberflächliche Sichtweise, zu intellektuelles Verständnis, kurzfristige Suche nach Effizienz und Gewinn, erklärte Absicht einer «opportunistischen Verweltlichung», Abbruch der Linien der Weitergabe und vielleicht und vor allem das Erscheinen neuer charismatischer Lehrer verweltlichter Meditationen, die ganz stark unter dem Einfluss der sozialen Medien hochgepuscht werden. Es geht nicht darum, alle Initiativen der vergangenen dreißig Jahre zu kritisieren oder abzuwerten. Das Aufkommen des «Mindfulness», der Synkretismus verschiedener Meditationstechniken, die Betonung der Suche nach persönlichem Wohlergehen, der Verzicht auf jegliche Art von Ritual, die Einführung von Meditationsmethoden in Großunternehmen, Krankenhäusern und sogar in manchen Schulen. Alle diese aufgestoßenen Tore haben es sehr vielen Personen ermöglicht, sich auf den Meditationsweg zu begeben und dessen wohltuende Wirkungen zu erfahren. Manchen hat es Lust gemacht, noch tiefer einzudringen.

Aber man kann die altüberlieferten buddhistischen Meditationen nicht reduzieren auf Techniken für das Wohlgefühl oder die Bewältigung von durch Emotionen oder Stress hervorgerufenen Problemen. In diesem Kontext erweisen sich authentische Traditionen als wirklich wertvoll, wenn es zum Beispiel um so subtile Bereiche wie die buddhistischen Meditationspraktiken geht oder darum, uns in unserem Streben, uns auf diese einzulassen, zu unterstützen. Die über die Jahrhunderte weitergegebenen Lehren sind echte Schätze für die Menschheit. Sie beruhen auf den Erfahrungen zahlreicher Meister, Mönche und Nonnen, die ihr Leben damit verbracht haben, diese Wege des Erwachens zu ergründen.

Ich sehe immer mehr Menschen, ganz aufrichtige, die ins Kloster kommen und mir erzählen, dass sie diese oder jene Meditation seit mehreren Jahren praktizieren, allein oder ein bisschen unterstützt, und dass sie in schmerzhafte Sackgassen geraten sind, in viel innere Konfusion und, vor allem, dass sie den unangenehmen Eindruck haben, Zeit verloren zu haben. Nein, die Meditations-Apps, die Meditations-Workshops, selbst wenn sie mit einem «wissenschaftlichen» Gütesiegel versehen sind, die therapeutischen Behandlungen nach Depressionen oder Burn-outs, die «Methoden» und anderen «Techniken» werden niemals eine Praxis ersetzen, die in einer seit 2600 Jahren weitergegebenen Tradition verankert ist und die in einem stimmigen Zusammenhang gelehrt wird, der die grundlegenden Aspekte einer spirituellen Praxis enthält: Meditation, Gebet, Ethik, Unterweisungen in der Lehre, Großzügigkeit, Altruismus, Liebe, Wohlwollen und die Möglichkeit, wirklich zu erwachen.

Jemand sagte mir neulich: «Man sieht, dass du Zen machst, denn trotz deiner Größe und deines Alters (sic!) hältst du dich gut aufrecht.» Ich sagte ihm, das sei sicher wegen der Yoga-Asanas so, die ich jeden Morgen nach dem Aufstehen mache. Er sagte mir, dass ich auf jeden Fall gesund aussehe und dass das ganz sicher vom Zazen komme. Ich antwortete ihm, dass das vielmehr sicher daher komme, dass ich sehr regelmäßig schwimme. Er fügte hinzu: «Ja, aber du bist nie krank und das kommt vom Zazen.» – «Nein», habe ich ihm geantwortet, «das kommt sicher mehr von einer gesunden Ernährung und einer ausgeglichenen Lebensweise.» Er beharrte: «Ja, aber die ganze Energie, die du da reinsteckst.» – «Gib's auf, ich nehme jeden Morgen sehr guten Ginseng zu mir.» Es gibt so viele Dinge, denen man unbedingt einen Nutzen beimessen will: Sie müssen zu etwas gut sein, sie müssen sichtbare und spürbare Folgen haben, man muss die Früchte dessen, was man gesät hat, ernten können. Heute sind die Meditation oder eher die Meditationstechniken dabei, sich im sichtbaren Teil unseres Lebens einzurichten: Man misst, man vergleicht, man schreibt Zahlentabellen, man definiert, man möchte etwas bekommen. Aber wie soll man Dinge messen wie Präsenz, weite Aufmerksamkeit, Wohlwollen, Frieden, innere Stille? Wie mit Ziffern, mit X- und Y-Koordinaten Werte messen wie Großzügigkeit, Geduld, Beharrlichkeit, Weisheit? Und vor allem die wesentliche Frage, die sich daraus ergibt: Was daraus machen?

Es reicht tatsächlich, einmal Zazen unter guten Bedingungen zu erfahren, um zu «wissen», dass die sich daraus ergebenden Wohltaten gegenwärtig sind und nur weiterentwickelt und zum Ausdruck gebracht werden müssen. Zazen darf und kann keine zusätzliche Aktivität werden, die zu all dem hinzukommt, was wir sowieso bereits machen, um uns wohlzufühlen. Zazen muss im unentdeckten, unentdeckbaren Bereich unseres Lebens bleiben, dem Teil der ewigen Brache, nicht verwertet, nicht verwertbar, die natürliche, unbefleckte, intakte Dimension unserer Existenz. So kann eine Praxis wie Zazen in alle Aktivitäten unseres Lebens buchstäblich diffundieren, ohne dennoch eine Aktivität wie jede andere zu werden. Ein bisschen wie bei der Erde, auf der man alle Gemüse, alle Getreide und alle Früchte anbauen kann, aber ... wenn man nur das anschaut, was wächst, nur das, was sich konsumieren lässt, dann vergisst man dabei ganz einfach die Erde, die eigentliche Qualität der Erde, ohne die nichts wachsen kann. Zazen öffnet uns zur wahren Grundlage unseres Lebens, zu dem, was man den tiefen Sinn, den verborgenen und dennoch allgegenwärtigen Sinn nennen könnte: den gegenwärtigen Augenblick, egal, wie die Umstände und Bedingungen dieses «Jetzt» sein mögen, egal, was in diesem Jetzt wächst.

Es ist dieses Zazen, das Meister Deshimaru vor fünfzig Jahren weitergeben wollte: die *mushotoku*-Dimension der Praxis und das *hishiryō*-Bewusstsein, welche die DNS dieser spirituellen Praxis sind. Das habe ich versucht, in diesem kleinen Buch zu vermitteln, mit der ganzen Bescheidenheit meiner Erfahrung. Ich hoffe, es kann Ihnen auf Ihrem eigenen Weg nützlich sein.

I

Was kann man über Zazen sagen?

Nicht so viel darüber reden, sondern es viel praktizieren.

Wie kann man Zazen lernen?

Auf jeden Fall mit einem Meister oder einer Person, die ernsthaft mit einem Meister praktiziert hat. Zazen oder die Zen-«Meditation» ist das Herzstück einer Tradition, die seit Jahrtausenden von Meister zu Schüler weitergegeben wird. Mein erster Meister, Taisen Deshimaru, sagte oft: «Ich bin nach Europa gekommen, um den Menschen im Westen das wahre Herzstück des Zen weiterzugeben, den reinen *shikantaza*-Geist, das Zazen, das von Meistern wie Bodhidharma in China und Dōgen in Japan gelehrt wurde.» Das sind Worte, die mich auf tiefe Weise geprägt haben, als ich jung war, denn Meister Deshimaru fügte hinzu: «Kein Zen ohne Zazen», und wenn die Schüler komplizierte oder zu verkopfte Fragen stellten, sagte er: «Machen Sie weiter Zazen! Sie werden später verstehen.»

Es war klar, was das heißen sollte: Versucht nicht, auf intellektuelle Weise zu verstehen, setzt euch zuerst hin; «natürlich, unbewusst, automatisch» werdet ihr verstehen. Das sind einfache, aber tiefe Worte, denn anfangs glauben wir, Zazen sei ein Lernprozess, so wie wir ihn üblicherweise sehen: Wir lernen, wir studieren, und als Ergebnis verstehen wir. Natürlich gibt es bei diesem Prozess viele Dinge zu lernen, zum Beispiel die Zazen-Haltung, die Atmung, und alles, was Konzentration und die Aufmerksamkeit des Geistes betrifft. Alle diese Punkte sind äußerst präzise und erfordern eine sehr ernsthafte und regelmäßige Praxis. Die Position des Körpers, des Kopfes, das Sitzen, die Hände, der Blick und alle Regeln, die die Praxis strukturieren, benötigen eine rechte und korrekte Weitergabe. Aber das Zazen beschränkt sich nicht darauf.

Man braucht ziemlich lange, um zu verstehen, dass Zazen uns eine ganz andere Art von Wissen erschließt. Zazen ist nichts anderes als die natürlichste und gewöhnlichste Aktivität von Körper und Geist. Zazen ist nichts, was wir unserem «Körper-Geist» hinzufügen oder etwas, worin wir unseren «Körper-Geist» versuchen einzuschließen. Die Zazen-Haltung ist keine Zwangsjacke oder Form, in die wir versuchen, unseren Körper hineinzuzwingen.

Im Zen-Buddhismus ist Zazen, die Sitzmeditation, so zentral, dass eine Zen-Praxis ohne die Zazen-Praxis unmöglich erscheint. Was macht sie so wichtig?

Die Erfahrung. Die Erfahrung ist es, die dem Zen seinen Wert und seine Authentizität gibt. Etwas zugespitzt könnte man sagen, dass jemand, der nichts über den Buddhismus weiß, durch die Zazen-Erfahrung in die Lehre Buddhas eintreten kann. Das ist der Ursprung des Zen: zur gleichen Erfahrung zurückkommen, die Śākyamuni Buddha vor 2600 Jahren gemacht hat. Man muss jedoch bestimmte Formulierungen mit Vorsicht genießen. Sie haben ihren Sinn in dem Augenblick, wo man sie hört, aber man darf daraus keine absoluten Wahrheiten machen. Wenn Meister Deshimaru sagte: «Zen ist Zazen», wollte er nicht sagen, Zen beschränke sich auf Zazen. Er wollte sagen, dass die Zen-Praxis in Zazen wurzelt, der Praxis der Sitzmeditation. Alles, was sich durch diese Praxis ausdrückt, das Verständnis des ethischen Verhaltens, das Verständnis der Buddha-Lehre, der Weisheit und des Mitgefühls, hat seinen Ursprung im Zazen.

Man sagt, der Buddha Śākyamuni sei nach einer Periode von neunundvierzig Tagen Meditation erwacht. Kommt daher die fundamentale Bedeutung der Meditation?

Für die Zen-Tradition stimmt das. Die ganze Lehre Buddhas ist Ausdruck dieser «Nacht des Erwachens». Deshalb unterscheiden wir nicht zwischen dem Erwachen und der Meditation.

Kann man sagen, was sie ausmacht? Was ist die Besonderheit von Zazen? Zazen ist ein japanisches Wort, za *bedeutet «sitzen»,* zen *kommt von Sanskrit* dhyāna, *aus dem im Chinesischen* chan *und im Japanischen* zen *wurde. Es bedeutet «Aufmerksamkeit», «Konzentration», «Meditation». Aber im Zen spricht man selten von Meditation, man benutzt das Wort Zazen. Was charakterisiert Zazen?*

Die Erfahrung der Nicht-Dualität von Subjekt-Objekt. Das ist die charakteristische Eigenschaft von *shikantaza*. Sie haben an die Herkunft des Wortes Zazen erinnert, aber es selbst kommt vom chinesischen *Zuòchán* oder wiederum von *shikantaza*, was «nur sitzen» bedeutet. Es bezeichnet die Einheit der Person mit dem, was sie macht, und dem Universum. Deshalb übersetzt man Zazen oder Shikantaza nicht mit «Meditation». Im Westen beinhaltet das Wort «Meditation» ein Meditationsobjekt. Man meditiert über etwas, während es beim Zazen kein Meditationsobjekt gibt. Subjekt und Objekt sind eins. Das macht die Einzigartigkeit der Zazen-Erfahrung aus.

Aber wir sprechen gerade vom erhabensten Aspekt des Zazen. Wenn man anfängt, erhält man äußerst genaue Anweisungen zu drei Punkten: ausführlich und sehr genau zur Haltung des Körpers, zur Aufmerksamkeit auf die Atmung und zum Umgang mit der geistigen Aktivität. Die Aufteilung ist natürlich künstlich, aber sie erlaubt es, die Dinge zu erklären. Wir sind nicht ein Körper, eine Atmung und ein Bewusstsein, noch weniger eine Aufeinanderschichtung der drei, sondern alles das auf einmal. Man stellt die Dinge nur aus pädagogischen Gründen so dar, damit die Leute beginnen können.

Was den Körper anbelangt, so kommt es auf die Stabilität des Sitzens an. Dafür ist die Lotus-Haltung die beste: Man legt einen Fuß auf den Oberschenkel des anderen Beins und den anderen Fuß auf den gegenüberliegenden Oberschenkel. Man sitzt auf einem *zafu*, einem ziemlich dicken Kissen, sodass die Knie gut auf dem Boden aufliegen können. Das von Gesäß und Knien gebildete Dreieck ist stabil und gut verwurzelt. Dieser Sitz ermöglicht es, die Wirbelsäule ohne unnötige Belastung des Rückens aufzurichten. Der Oberkörper wird durch den fünften Lendenwirbel getragen und die Lendenwirbelsäule bleibt in der natürlichen Form gebogen. Die Wirbelsäule kann sich ohne jede Anstrengung aufrichten. Der Kopf ist schön gerade, in der Verlängerung der Wirbelsäule, mit einer gewissen Würde getragen. Das Kinn ist zurückgezogen. Der Nacken wird gestreckt, indem die Schädeldecke in die Höhe strebt. Man hält die Augen nur halb offen, ohne irgendetwas anzuschauen oder zu fixieren. Man sitzt vor einer Wand, was zeigt, dass es nichts zum Anschauen gibt. Man legt die Finger der linken Hand auf die Finger der rechten Hand, die Daumen verbinden sich zu einer horizontalen Linie, die Hände bleiben in Kontakt mit dem Unterbauch und ruhen auf den Oberschenkeln oder den Füßen. Die Schultern sind entspannt. Der Bauchbereich vom Solarplexus bis zum Unterbauch ist dank der Aufrichtung der Wirbelsäule entspannt. Die Ohren befinden sich auf der gleichen Ebene wie die Schultern und die Nasenspitze auf der gleichen Linie wie der Nabel.

Der Mund ist geschlossen, man atmet durch die Nase. Man versucht nicht, auf eine bestimmte Art und Weise zu atmen. Man begleitet nur das Kommen und Gehen des Atems, man ist anwesend in der Einatmung und Ausatmung. Die Atmung geschieht nicht nur im Brustkorb. Es ist die ganze Haltung, die ein- und ausatmet. Man hat manchmal den Eindruck, dass die Luft durch den Bauch ein- und ausströmt. Man versucht nicht, sich eine bestimmte Atmung aufzuzwingen, man begleitet sie bloß. So «sinkt» der Atem auf natürliche Weise in den Bauch hinab und macht sich im ganzen Bauchbereich bemerkbar, insbesondere in den Eingeweiden. Unser ganzer Körper fühlt sich wohl, wenn er atmet.

Was die geistige Aktivität betrifft, so lernen wir, sie frei zu lassen, unsere Gedanken nicht zu erfassen, sich nicht mit ihnen zu identifizieren, sie sich nicht anzueignen. Die Gedanken sind geistige Objekte: So wie wir Geräusche mit unseren Ohren wahrnehmen oder Formen mit unseren Augen, so nimmt unser Geist die Gedanken wahr. Oft sagt man, Gedanken seien wie Wolken, die am Himmel ziehen. Man versucht nicht, sie zurückzuhalten oder zu verjagen. Man versucht nicht, nicht zu denken oder «leer» zu werden.

Das Denken ist eine natürliche Funktion dessen, was wir den Geist nennen. Es wäre genauso seltsam, das Denken anhalten zu wollen, wie aufhören zu wollen zu atmen. Man lässt die Gedanken kommen, aber man erfasst sie nicht, man überlässt sie sich selbst. Das ist der große Unterschied.

Auf die gleiche Weise, wie wir Klänge hören, ohne ihnen zuzuhören, nehmen wir die Gedanken wahr, ohne ihnen zu folgen, ohne ihnen Aufmerksamkeit zu schenken?

So ist es. Man überlässt die Sache sich selbst. Wenn der Klang vorbei ist, ist er vorbei. Wenn Gedanken kommen, nimmt man sie wahr, aber man kommentiert sie nicht, man beurteilt sie nicht. Man überlässt sie sich selbst. Allein sich ihrer bewusst zu sein, bewirkt, dass die Gedanken sich von allein auflösen.

Ist es einfach, Zazen zu praktizieren?

In gewisser Weise gibt es nichts Einfacheres als das, aber wie alles andere, was einfach ist, wird es schnell sehr schwierig. Die einfachsten Dinge sind für uns die schwierigsten. Aber es ist nicht «leicht» in dem Sinn, dass es einem sofort gelingen würde, dass man auf den ersten Blick alles verstanden hätte. Allerdings kann das Lernen schnell gehen und man kann beginnen, Dinge zu verstehen, die man vorher nicht sehen konnte. Zum Beispiel erkennen, dass wir nicht unsere Gedanken sind. Wir sind so sehr mit unseren Gedanken identifiziert, dass wir glauben, dass wir sie besäßen, dass wir sie kontrollierten, dass wir eins mit ihnen seien. Während des Zazen können wir sehr schnell erkennen, dass das nicht der Fall ist, dass wir sie nicht kontrollieren, dass wir meistens nicht wissen, woher sie kommen, dass sie nicht verschwinden, wenn wir sie verjagen wollen, dass sie sich einem entziehen, wenn man versucht, sie zu halten, und wenn sie verschwinden, wissen wir nicht, wohin sie gehen. Die Gedanken gehören nicht zu uns, sie sind bedingte Objekte, die auftreten, wenn die Bedingungen ihres Auftritts versammelt sind.

Dennoch haben wir ein Gefühl großer Vertrautheit mit unseren Gedanken, viel mehr als mit den Klängen, bei denen wir leicht verstehen, dass sie uns nicht gehören. Die Gedanken scheinen auf ein Innenleben zu verweisen, das zu uns gehört.

Natürlich sind Ihre Gedanken nicht meine, während wir einen Klang oder Formen, Farben usw. teilen können. Gedanken sind besondere Objekte, unterschiedlich für jeden. Eine Unzahl von für jeden unterschiedlichen Bedingungen führt zu ihrer Erscheinung. Um zu dem Beispiel mit dem Klang zurückzukommen: Der gleiche Klang wird von Ihnen und mir unterschiedlich wahrgenommen. Derselbe Klang kann Ihnen unangenehm sein, während er für mich neutral sein oder eine angenehme Erinnerung erzeugen kann. Unsere Gedanken haben sehr komplexe Ursachen, die mit unserer karmischen Erfahrung zu tun haben. Auch hier gilt wieder, dass die gleichen Ursachen bei dem einen und dem anderen nicht die gleichen Folgen hervorrufen. Die Gedanken einer Person sind in der Tat einzigartig, aber sie gehören ihr trotzdem nicht.

Können Sie die Erfahrung von Zazen genauer darlegen? Man setzt sich in der von Ihnen beschriebenen genauen Körperhaltung hin, man begleitet die Atmung, man überlässt die Gedanken sich selbst. Was passiert dann?

Allmählich entsteht eine völlig andere Selbstwahrnehmung. Durch die Erfahrung in Bezug auf die Gedanken beginnen wir uns bewusst zu werden, dass wir nicht das sind, wofür wir uns hielten. Wir sind kein denkendes Wesen, das autonom und unabhängig wäre. Man beginnt, sich selbst mit ganz anderen Augen zu sehen. Man beginnt, eine völlig andere Realität zu entdecken, die mit der Zeit an Tiefe gewinnt. Man beginnt, die Dinge als das wahrnehmen, was sie sind, insbesondere das, was wir die *wahre Natur des Selbst* nennen, die nicht das ist, was wir glauben. Das ist eine einzigartige und überwältigende Erfahrung.

Was offenbart uns Zazen über diese wahre Natur?

Der richtige Ausdruck ist: Die Natur des Selbst offenbart sich. Dieses Selbst ist nicht unabhängig, es ist nicht autonom, es ist nicht stabil. Diese Sache, die wir irgendwann liebgewonnen haben, die man das Selbst, das Ich nennt, entpuppt sich als etwas ganz anderes. Man beginnt zu beobachten, dass diese Sache genauso bedingt ist wie alles andere. Das Selbst verändert sich von Moment zu Moment, es ist in fortwährender Veränderung, es ist nicht autonom, denn es ist immer abhängig von dem, was es wahrnimmt. Es ist nicht unabhängig, weil es nicht allein existiert, es existiert nur, weil eine Unendlichkeit von Dingen um es herum ihm einen Anschein von Existenz gibt.

Ist diese Erfahrung befreiend oder beunruhigend?

Sie ist nicht beunruhigend, weil sie nicht auf brutale Weise geschieht. Das ist nichts, was uns auf den Kopf fällt, sondern was wir auf friedliche Weise entdecken. Das ist ein wichtiger Aspekt im Sōtō-Zen: Wir betreten ruhig diese Wirklichkeit, ganz sanft und subtil. Das ist etwas, was man anfangs flüchtig entdeckt, wie ein Funke von Klarheit, der uns eine intuitive, sehr ruhige Annäherung erlaubt. Durch solche Geistesblitze, solch tiefe Einsichten, die so wirklich sind wie die Wahrnehmung von heiß oder kalt, können wir jedes Mal einen Schritt weiter gehen. Es ist der Schritt, der sich macht, es sind nicht wir, die einen Schritt machen. Mit dieser Entdeckung schreiten wir voran.

Dank dieser schrittweisen Entdeckung sind wir also immer mehr mit den Dingen verbunden, so wie sie sind. Wir sind nicht mehr Zuschauer oder Akteure unseres eigenen Lebens, sondern immer mehr in Resonanz und Harmonie mit den Dingen …

Mehr und mehr in Einheit. Es ist die Erfahrung der Nicht-Dualität, von der ich eingangs sprach. Die Beziehung, die wir zur Welt geschaffen haben, wo wir das Subjekt sind und die Welt und die anderen die Objekte, ist falsch. Diese Position ist aus herkömmlicher Sicht akzeptabel, weil sie uns erlaubt, uns in der Welt zu verorten, uns unserer Verantwortung bewusst zu werden, aber sie ist Teil eines Rahmens von Konventionen, der nicht der Wirklichkeit entspricht. Es sind vom Menschen für sich selbst geschaffene Konventionen. Der Mensch möchte das gesamte Universum einschließen in diese Wirklichkeit, die er für sich selbst geschaffen hat. Und das schafft ihm ein echtes Problem bei der Wahrnehmung der Welt und der anderen.

Sie sagen, dass wir dank Zazen in Kommunikation oder Einheit mit etwas Größerem sind.

Es geht nicht um etwas Größeres, es geht um alles! Es ist das wahre, grenzenlose Bewusstsein. Da es schwer ist, logisch darüber zu sprechen, weil es nicht logisch ist, oder analysierend darüber zu sprechen, weil das Argumentieren nicht ausreichend ist, um von dieser Art von Erfahrung zu sprechen, benutzt man Metaphern. Man behilft sich mit der Poesie, mit Bildern wie dem des Vogels, der im unbegrenzten Himmel fliegt und der ganz eins ist mit dem Himmel, da der Vogel selbst ohne Grenzen im Himmel ist. Oder mit dem Bild des Fisches, der niemals die Grenzen des Ozeans kennen wird, in dem er schwimmt. Oder denken Sie an den Vergleich mit dem Spiegelbilds des Mondes im Wasser.

Würden Sie sagen, dass man bei regelmäßiger und langer Zazen-Praxis zwangsläufig die Buddha-Erfahrung macht, dass man immer buddhistischer wird?

Buddhistisch werden ist nicht so wichtig. Wir sagen, dass wir durch Zazen in die Buddha-Erfahrung eintreten. Die Nicht-Dualität von Subjekt-Objekt hat viele Folgen, insbesondere im Hinblick auf unseren Platz und unsere Verantwortung in der Welt. Wir leben nicht ständig in absoluter Einheit. Im täglichen Leben sollten wir als Individuen handeln. Wir sagen nicht, dass es die gewöhnliche und konventionelle Wirklichkeit nicht gäbe. Im Gegenteil, sie ist von großer Bedeutung. Wir sind uns voll bewusst, dass unser Handeln Konsequenzen hat. Das öffnet uns den Blick für die ethische Dimension des Buddhismus.

Daher die Schwierigkeit, von der Sie vorhin sprachen, die Dinge mit Worten zu erklären: Wir sollten erklären, dass das «Selbst» sowohl existiert als auch nicht existiert. Das «Selbst» existiert nicht, aber wir brauchen es ständig in unserer Beziehung zu anderen und mit der Welt im Allgemeinen. Auf diese Schwierigkeit stoßen wir immer, wenn wir über den Buddhismus sprechen.

Sagen wir, insbesondere beim Zen-Buddhismus. Das Erwachen, Zazen, heißt, dieses Paradox mit Leben zu füllen, der Tatsache eine Realität zu geben, dass etwas existiert und nicht existiert, oder dass etwas nicht existiert, aber existiert! Das kann unserer analytischen Sichtweise der Dinge nicht gefallen. Wir sehen die Dinge gerne klar und deutlich: Es ist oder es ist nicht, aber es kann nicht beides sein. Wenn eine Sache sein kann und gleichzeitig nicht, verlieren die Worte ihre Funktion, wir reden und sagen nichts. Das passt nicht zu unserem analytischen Paradigma. Es ist – aber nicht so, wie wir glauben. Die Praxis des Zen, während und außerhalb des Zazen, ist, beide Aspekte dieses Paradoxons zusammenzubringen. Und es funktioniert in der Tat. Wir sind nicht getrennt vom Universum, wir sind in gewisser Weise seine «Nervenenden».

Muss die Praxis des Zazen regelmäßig sein?

Die Praxis des Zazen ist ihrem Wesen nach eine tägliche Praxis: Den Tag mit Zazen zu beginnen und zu beenden ist das Beste, was wir tun können. Aber der Rhythmus unseres Lebens erschwert die Regelmäßigkeit. Wir sollten der Praxis möglichst die gleiche Selbstverständlichkeit beimessen wie der Tatsache, dass wir uns waschen, essen oder sogar atmen!

Wenn man erwacht und das Nicht-Selbst erkennt, muss man es mit Leben füllen. Das ist nichts, was man als Konzept oder Idee haben kann. Man muss diese Realität täglich leben. Es ist das Zazen, das sie lebendig macht. Für einen Praktizierenden ist Zazen wirklich etwas, was man eine gesunde Lebenshygiene nennen kann: Jeden Tag waschen wir uns, wir kümmern uns um unseren Körper durch Nahrung, wir tun eine

Menge Dinge, um den Körper in gutem Zustand zu halten. Warum also nicht auch die Praxis der Zen-Meditation in diesen Handlungsrahmen einbeziehen, der uns so natürlich erscheint? Die gute Gesundheit unseres Bewusstseins ist doch ein bestimmendes Element in unserem täglichen Leben.

Wie lange sollte ein Zazen dauern?

Wenn wir in einem Dōjō mit erfahrenen Mönchen und Nonnen praktizieren, dauert Zazen ... so lange es dauert. Der Beginn und das Ende der eigentlichen Meditation werden durch eine Glocke angezeigt. Wenn man auf diese Weise praktiziert, braucht man sich nicht zu fragen, wie lange es dauert. Im Allgemeinen liegt es jedoch zwischen dreißig und vierzig Minuten. Wenn man alleine übt, sind Sitzungen von ungefähr zwanzig Minuten am besten, aber regelmäßig. Nicht nur Zazen machen, wenn man Lust darauf hat, sondern in seinem Alltag eine gewisse Disziplin aufbringen, zum Beispiel direkt nach dem Aufwachen. Oder, was noch besser wäre, sich vorzunehmen, zwei- bis dreimal pro Woche in ein Zen-Dōjō zu gehen. Für Anfänger ist es nicht empfehlenswert, allein zu üben, denn Zen ist eine sehr präzise, sehr sorgfältige Unterweisung, die man nicht improvisieren kann. Zen hat eine zweitausendjährige Tradition, in der viele Meister ihre Erfahrung ihr ganzes Leben lang vertieft und wertvolle Unterweisungen weitergegeben haben. Bei diesem Weg, wie bei allen spirituellen Wegen, sind die Gefahren, sich zu verrennen, und die Fallstricke zahlreich. Wenn zum Beispiel jemand versucht, das Klavierspielen selbst zu lernen, kann er ein paar Melodien herausfinden, und wenn er ein gutes Gehör hat, wird er fast in der Lage sein, «Für Elise» zu spielen. Aber man wird rasch an seine Grenzen geraten und sich mit seinen eigenen Melodien im Kreis drehen und langweilen. Wenn man alleine praktiziert, ist es ganz ähnlich: Man erfindet sich sein eigenes Zen und dreht sich im

Kreis, man beginnt, sich zu langweilen und verliert auch dann irgendwann den Mut und hört schließlich auf.

Das Üben mit anderen kann uns auch die Gelegenheit geben, uns auszutauschen und Fragen an die Älteren zu stellen, um uns auf diesem subtilen und nicht immer ganz einfachen Weg zu unterstützen?

Ja, die Unterweisungen sind ein sehr wichtiger Aspekt. Sie können viele verschiedene Ausdrucksformen annehmen: Das *kusen* ist die mündliche Unterweisung durch den Meister während des Zazen, das *mondō* und das *dokusan* ermöglichen es, Fragen zu stellen, das *teishō* ist eine Art Zen-Vortrag. Natürlich gibt es auch die lautlosen Unterweisungen, wenn man mit einem Meister oder einem *saṅgha* praktiziert. Besonders für uns heute heute sind die Unterweisungen und die Weitergabe von Person zu Person, seit Urzeiten von Generation zu Generation tradiert, ein wahrer, unermesslicher Schatz. Zu viele Menschen glauben, sie könnten alles selbst entdecken, mit Büchern oder mit dem Internet. Das ist schade, denn es führt unweigerlich in Sackgassen, verschwendet viel Zeit und schwächt das Potenzial unseres Strebens.

Wie beginnt man also mit der Zazen-Praxis?

Beginnen Sie mit der Suche nach einem Übungsort, nach einem Zen-Dōjō. Machen Sie sich mit einem Schritt auf den Weg, und Sie werden sehen, dass sich der Weg des Zen von selbst öffnet.

2
Wie kann man sich aus dem Kreislauf von Tod und Wiedergeburt befreien?

Leben und Tod spiegeln sich im jeweils anderen und kommen sich dabei nie in die Quere

Alle Religionen thematisieren Leben und Tod, nur der Buddhismus spricht vom «Kreislauf von Leben und Tod», saṃsāra *genannt. Er legt nahe, sich aus diesem Kreislauf zu befreien. Wie muss man das verstehen?*

Alle großen Religionen mit Ursprung in Indien, der Hinduismus, der Jainismus und vor allem der Buddhismus, setzen diese Befreiung von *saṃsāra* als Ausgangs- und Endpunkt ihrer Lehren. Selbst wenn die vorgeschlagenen Lösungen recht unterschiedlich sein mögen, so ist doch die Vorstellung von Reinkarnation, Transmigration und dem Übergang von Leben zu Leben ihnen allen gemein.

Vereinfacht lässt es sich so ausdrücken: Die Bedingungen unseres Lebens sind, wie sie sind – manchmal einfach, oft aber schwierig und Quelle vielfältigen Leidens. Wenn aber unsere Praxis stimmt und wenn wir trotz allem in diesem Leben Verdienste ansammeln, kann das nächste ein besseres sein, und so immer weiter, bis man zu einer abschließenden Befreiung aus dem Prozess von Leben und Sterben gelangt. Im Umkehrschluss stimmt das natürlich auch: Böses oder schädliches Handeln wird leidvollere Wiedergeburten nach sich ziehen. Es ist sehr wahrscheinlich, dass der Buddha diese Sicht der Dinge berücksichtigt hat, um «den herrschenden religiösen Geist» und die weitgehend übereinstimmenden Überzeugungen im Indien jener Zeit nicht völlig infrage zu stellen.

Als der Buddhismus zu Beginn des ersten Jahrtausends u. Z. begann, sich in China auszubreiten, gewann die viel pragmatischere Mentalität der Chinesen schnell die Oberhand, und die Frage lautete bald: «Was kann mir die buddhistische Praxis in diesem meinem Leben bringen?»

In den verschiedenen buddhistischen Traditionen mag es deutliche Unterschiede darin geben, sich der Frage der Wiedergeburt und des Lebens nach dem Tod zu nähern, und ebensolche bei den Antworten darauf. Übrigens hat diese Verschiedenheit oft kulturelle Gründe, spezifisch für jedes Land, wohin der Buddhismus kam und wo er die lokalen religiösen Gepflogenheiten integrierte. So sprechen manche buddhistischen Traditionen von Reinkarnation, andere von Transmigration, wieder andere kennen unterschiedliche Paradiesvorstellungen. Deshalb betrachte ich die Frage der Befreiung von Saṃsāra lieber in der Tradition meines Sōtō-Zen, der direkt aus dem chinesischen Chan hervorging und von Meister Dōgen im 13. Jahrhundert nach Japan gebracht wurde.

Der Begriff «Transmigration» ist klarer als «Wiedergeburt» oder «Übergang von Leben zu Leben», vor allem auch als «Reinkarnation», was ja bedeuten würde, dass sich «etwas» reinkarniert: eine Seele oder eine festes «Prinzip». Eine solche Vorstellung ist den Unterweisungen des Buddha fremd. Das Zen beobachtet und untersucht Transmigration im gegenwärtigen Leben, Tag für Tag, ja sogar Augenblick für Augenblick. So haben wir während eines einzigen Tages mehrere Leben; wir hören nicht auf zu transmigrieren, das heißt, uns gemäß den vorliegenden Anlässen und Bedingungen zu transformieren, zu verändern. Im Allgemeinen bringen diese Anlässe und Bedingungen unser Erscheinungsbild und das der Dinge nicht durcheinander. Deshalb haben wir den trügerischen Eindruck, dass, selbst wenn die Dinge sich ändern, da etwas sei, was beständig, ja unverrückbar bleibt: jenes Ich, das morgens noch fröhlich war, am Abend aber traurig ist ... Der Geisteszustand hat sich verändert, aber: «Ich bin doch derselbe geblieben!» Diese Wahrnehmung ist ganz offensichtlich trügerisch und Ursprung aller Verwirrungen. Denn was falsch ist in Bezug auf einen einzigen Tag, ist es noch viel mehr in Bezug auf größere Abschnitte unseres Lebens.

Der charmante Säugling mit rosa Wangen, der gewitzte Junge, der vor sich hin brütende, verträumte Jugendliche, der forschende junge Erwachsene, der freudestrahlende frisch gebackene Vater ... und jener Mann, der in die Kategorie «Senior» gehört – ist das wirklich immer dieselbe Person? Dieses Ich, das man mit so viel Gewissheit äußert, wenn man sagt: «Ach, als *ich* noch jung war ...»?

Stellen wir uns jetzt extremere Situationen vor, wo das Geschehen die Dinge vom einen auf den anderen Moment völlig auf den Kopf stellt: ein Erdbeben, ein Bombenattentat, ein Autounfall oder die Mitteilung einer anderen schrecklichen Nachricht. In einer Sekunde wird alles anders, wir geraten vom Normalzustand in die sprichwörtliche Schockstarre, mit aller dazugehörenden Gewalt. Täglich sehen wir solche Berichte in den TV-Nachrichten: starre Blicke, völlig verstörte Gesichter, eine tiefe Emotion, die wir erleben und die uns schwindlig macht. So zeigt sich auf brutale, traumatisierende Weise eine Transmigration, die den Opfern eine Art «Wiederaufbau» abverlangt, der bekanntermaßen aus ihnen völlig andere Menschen macht. Solche Erfahrungen haben wir alle gemacht und werden unausweichlich weitere solche machen – es handelt sich dabei um nichts anderes als das Leben.

Ein kurzes Zen-Sūtra, das bei manchen Zeremonien rezitiert wird, gibt diese von einem auf den anderen Augenblick geschehende Veränderung, sei sie nun gar nicht wahrnehmbar oder brutal, wieder:

Alle Dinge erscheinen ausnahmslos verursacht und bedingt,
demzufolge haben sie kein eigenes Wesen,
demzufolge gibt es nichts, was kommt und geht,
demzufolge gibt es nichts zu verlieren oder zu gewinnen,
demzufolge gibt es nichts zu ergreifen, und alles ist Leerheit ...
Das zu verstehen, nennt man die Perfektion der Weisheit!

Alle Phänomene, welcher Art auch immer, erscheinen nur, wenn die Ursachen und Bedingungen ihrer Anwesenheit zusammenkommen. Das gilt für einen Ton, eine Form, eine Emotion, einen Gedanken, eine Landschaft und sogar für den höchsten aller Berge! Die äußerst genaue Beobachtung der «bedingten Wirklichkeit» hat zur Folge, dass es keine «eigene Wesenheit» gibt, die der Präsenz der Dinge und der Lebewesen vorangeht. Verschwindet eine der Bedingungen, die zum Leben eines Menschen nötig sind, dann verschwindet auch das Leben dieses Menschen, und das gilt gleichermaßen für jedes andere Objekt, sei es belebt oder unbelebt. Das ist keine weitere philosophische Theorie, das sind Beobachtungen in der Folge von Zazen und der Weisheit, die sich aus jahrhundertealten Studien, Erfahrungen und spirituellem Erleben ergibt.

Was bedeutet Saṃsāra für den Menschen und wie äußert sich diese Transmigration?

Im Lauf der Jahrhunderte legten die buddhistischen Meister sechs «Existenzzustände», sechs bedingte Zustände fest, die für das Menschsein universell gültig sind, unabhängig von Ort oder Zeit. Im Theravāda waren es zunächst nur fünf, aber die Beobachtungen werden genauer und verfeinern sich. Heute müsste man vielleicht einen siebten solchen Zustand hinzufügen; hierauf kommen wir noch ...

Wir transmigrieren, wir gelangen im Lauf der Zeit von einer dieser Existenzbedingungen zu einer anderen, ohne dass eine exakte Reihenfolge oder Logik vorläge. Betrachten wir kurz diese sechs Zustände näher:

Der erste ist *naraka*. Dies sind alle höllischen, unerträglichen Zustände, seien sie materieller, physischer, emotionaler oder psychischer Art. Es ist das reine Leid, Verzweiflung, das Gefühl, dieses Leid höre niemals auf. In manchen Sūtren gibt es für diese Qualen recht nette Bezeichnungen: «Tränen und Gebrüll», «Grube voll glühender Kohlen», «unüberwindliche Pein» – ein ganzes Programm an Qualen! Vergessen wir in diesem Zusammenhang nicht, dass jährlich Hunderttausende Suizid begehen, weil sie glauben, so ihrem unerträglichen Leid ein Ende setzen zu können. Diese Tatsachen sind in unserer Welt sehr präsent.

Der zweite Zustand ist *chikushō*, übersetzbar mit «animalischer Zustand». Die einzige Beschäftigung dieser Wesen ist die Suche nach Nahrung und einem Zufluchtsort, der Wunsch nach Vermehrung und Schutz. Sie leben ständig in Sorge und Angst, von anderen, Stärkeren, bestohlen oder gefressen zu werden. Sie sind Einzelgänger, von den anderen gemieden, oder, im Gegenteil, sie leben zusammengepfercht, in jedem Fall in ständiger Furcht. Sie leben in einem Zustand von Abstumpfung und Zaudern, der einer geistigen Erstarrung gleichkommt.

Der dritte Zustand ist *gaki*, die ständige Gier. Dieser Zustand ist das Ergebnis von Geiz und Begehrlichkeit. Gaki-Wesen werden mit einem ganz kleinen Mund und einem riesigen Bauch dargestellt. Was sie auch hinunterschlingen, ihnen fehlt immer etwas und sie sind ewig unzufrieden. Unsere Konsumgesellschaft, wo Lust und Verlangen täglich angestachelt werden, wo gerade befriedigte Gelüste sofort die nächsten nach sich ziehen, ist ein gutes Beispiel für diese Welt der Gier: Wer nichts hat, will haben – und wer hat, will noch mehr.

Diese drei ersten Welten des Leidens sind die Zustände, die wir in unterschiedlicher Ausprägung gut kennen und in denen wir uns sicher viel häufiger befinden, als uns lieb ist. Die drei nächsten Zustände kommen uns zweifellos verführerischer vor, sind aber ebenso Quelle unendlichen Leidens.

Da ist die Welt der *asuras*, der Krieger. Es ist die Welt der Wut in allen ihren Erscheinungen, von der kältesten bis zur heißesten, die Welt von Macht und Gewalt; es gibt dort Neid, Ehrgeiz, alle Art von Wettkampf, Machtkampf und Konkurrenz. Diesen Existenzzustand kann man in unseren modernen Gesellschaften sehen, wo man einen Überlebenskampf führt, unbeschadet der Kollateralschäden und sonstiger Folgen. Dies kann sich auf der politischen oder wirtschaftlichen Ebene, im Job, im sozialen Miteinander abspielen, die Ökologie und sogar die Religion betreffen, wo manche ihre Machtkämpfe austragen und ihre Weltsicht als die einzige Wahrheit verkaufen.

Danach kommt unsere Bestimmung als menschliche Wesen, *bonpu* auf Japanisch. Mensch zu sein ist eine komplexe und ambivalente Angelegenheit, denn der Mensch ist zum Schlimmsten fähig, wenn er seinen Trieben nachgibt, und zum Allerbesten, denn er kann auch den Dharma praktizieren und sich als Bodhisattva verwirklichen. Vernunft, Logik, Dualität, Intellektualisierung, Gesetze, Moral und Ethik wurden vom und für den Menschen eingerichtet, um ihm zu helfen, seine heftige, oft auch dümmliche Triebsteuerung zu kontrollieren und zu beherrschen; die Resultate kennt man. So hat der Mensch in ein paar Jahrhunderten die Welt, die Wirklichkeit in Begriffe gefasst, rationalisiert und daraus etwas nach seinen Maßstäben gemacht, etwas, was er glaubt verstehen und vor allem kontrollieren zu können. Allerdings überschneiden sich die vorangegangenen Existenzzustände gewaltig mit dieser Menschenwelt.

Danach kommt schließlich die «Welt» der unterschiedlichsten Paradiese, *tenjōkai*. Die Welt der Götter und der himmlischen Wesen. Die Welt spezieller und ganz anderer Formen von Bewusstsein, Behaglichkeit, Reichtum, von angenehmem Leben, aber auch von Drogen, Alkohol, ganz unterschiedlichen Genüssen, Zustände spiritueller und künstlich erzeugter Ekstasen. All diese Zustände, die irgendwann ein Ende haben und uns in Schmerz, Leid und Frustration stürzen.

Und der siebte Zustand, von dem Sie gesprochen haben?

Man könnte ihn die Welt des «erweiterten Menschen» nennen. Mit dem medizinischen und technologischen Fortschritt, der beispiellosen Entwicklung des Wissens und der Kommunikationsmittel wohnen wir in der Tat dem Aufkommen einer virtuellen Wirklichkeit bei, in der der Mensch sich seit gut dreißig Jahren seinen Platz sucht. Diese Wirklichkeit ist nur dem Namen nach virtuell, denn wir wissen genau: Die Folgen eines E-Mails, eines Anrufs, der Nutzung sozialer Netzwerke und des Internets sind genauso konkret wie mit dem Körper erzeugte Worte oder Handlungen. Wir transmigrieren in diese «virtuelle Welt» mit der gleichen Leichtigkeit, Virtuosität, mit der wir uns in die anderen Welten begeben, mit dem gesamten Körper, dem gesamten Bewusstsein.

Im Saṃsāra gibt es noch drei andere Welten: zum einen die Welt der *śrāvakas*, derer, die den Weg beschreiten, dann die der *pratyekas*, Buddhas, die sich um ihrer selbst willen befreien wollen und die schon die ersten Schritte auf dem Weg dahin unternommen haben, schließlich die Welt der *bodhisattvas*, die das Erwachen verwirklicht haben, aber weiterhin in Saṃsāra-Bedingungen leben, um anderen beim Erwachen behilflich zu sein. Aus welchem Grund will jemand für sich allein erwachen? Und um was für ein Erwachen handelt es sich dabei? Soll es ein «buddhistisches» Erwachen sein, dann besteht unsere einzige Sorge darin, anderen den gleichen Weg zu weisen.

Die drei neuen Welten sind die der buddhistischen Praxis. Wir alle beginnen diese Praxis aus einem persönlichen Motiv heraus und mit dem Ziel, uns von Leid und innerer Verwirrtheit zu befreien. Automatisch öffnet sich mit der Zeit unser Bewusstsein der Einheit, die alle Wesen durchdringt, und so erscheint auch automatisch das Mitgefühl, um das es im Buddhismus geht. Die letzte Welt ist dann die des Buddha, die Welt der vollkommen Erwachten.

Es gibt also ein Vorankommen: Ausgehend von den einfachsten Welten bewegt man sich auf die am meisten entwickelten zu. Allerdings darf man nie vergessen, dass es sich dabei nicht um Treppenstufen handelt, dass man nicht von Station zu Station vorangeht. Man geht von der einen in die andere Welt, egal in welcher Richtung: von der sechsten in die erste und dann wieder in die dritte oder von der achten in die zweite – das geht extrem schnell. Diese verschiedenen Welten sind in alle Richtungen durchlässig.

Selbst wenn man Buddha ist ... Aber schützt uns die Erfahrung der Buddhawelt nicht davor, in die, beispielsweise, Welt der Begierden zurückzufallen?

Lassen wir Buddha, wo er ist! Sprechen wir nicht von der Buddhawelt, sie ist dem Wort und dem Denken unzugänglich, und ich glaube, dass in ihrem Namen viel zu viel dummes Zeug gesagt wird. Die Welt der Bodhisattvas ist hingegen unsere, und die Erfahrung der Praxis zeigt uns, dass die Übergänge von einem Zustand in den anderen genauso schnell vonstatten gehen, wie sich das Bewusstsein ändert.

Die sechs ersten Welten verweisen auf die erste edle Wahrheit, «Leben ist Leiden, dukkha, *Unzufriedenheit». Könnte man sagen, dass die drei letzten dem Nirvāṇa entsprechen?*

Nein, die Gesamtheit der neun Welten bilden den Saṃsāra; die drei letzten sind die Welten der Praxis, unserer Anstrengung auf dem Buddhaweg. Solang wir einen aktiven Körper und ein aktives Bewusstsein haben, bleiben wir in dem, was man Saṃsāra nennt, was auch nicht nur in negativem Sinn verstanden werden darf. Die Welt der Bodhisattvas gehört ja beispielsweise zu Saṃsāra. Meister Deshimaru pflegte mit Humor zu sagen: «Das Nirvāṇa ist langweilig, da gibt es keinen Spaß, da kann man nicht Party machen.» Alle glücklichen Momente unserer Existenz sind auch Teil von Saṃsāra ...

In Wahrheit sind die neun Welten nur eine einzige und können nur in dieser Gesamtheit funktionieren. Die Unterteilungen und Unterscheidungen in verschiedene Welten, die angeblich nebeneinander existieren, mit Grenzen und kontrollierenden Zollbeamten, sind nur «geschickte Hilfsmittel», die es uns ermöglichen, Klarheit zu erlangen und uns auf dem Weg der Praxis anzustrengen.

Alle Menschen erleben die unterschiedlichen Zustände mehr oder weniger bewusst. Eines der Motive, das alle Lebewesen durch alle Zeitalter hinweg teilen, ist die Suche nach der Befreiung vom Leiden. In manchen dieser Welten sind wir häufig, wir sind sozusagen deren beste Kunden. Heutzutage reduziert sich die Existenz vieler darauf, sich zu ernähren, sich fortzupflanzen, sein «Nest» zu haben, und so ist das Leben wie eingeschlossen in einen strikt materialistischen Bereich. Andere verbringen ein Gutteil ihres Lebens voller Wut oder in unerträglichem psychischen Leid. Es kann sein, dass jemand in einem dieser Zustände so oft und tief drinsteckt, dass er die Zustände der anderen Welten kaum oder gar nicht kennt.

Wir wechseln also zehn oder hundert Mal am Tag von einer Welt in die andere. Das hängt von der Situation des jeweiligen Augenblicks ab. Manche binden sich sehr stark an die menschliche Welt, denken, dass die Gesetze der Menschen die oberste Instanz seien, und stellen sie nie infrage; sie leben in rein menschlichen Konventionen. Andere binden sich an spezielle

Zustände und können eine Drogensucht oder eine Abhängigkeit von bestimmten Bewusstseinszuständen entwickeln. Das ist, wie man sieht, ein Riesenthema, das die Menschheit seit ewigen Zeiten betrifft ...

Gilt das auch für den, der in der menschlichen Welt verbleibt, um deren Gesetze zu verbessern? Ist so jemand nicht schon auf dem Weg zur Befreiung?

Nein, er bleibt in der menschlichen Welt, denn es ist die Welt des Dualismus und der Unterscheidung.

Es gibt wenigstens zwei Arten, eine Landschaft zu sehen, einmal als Gesamtheit, wo man nur eine sehr starke Emotion wahrnimmt, ein Gefühl von Verbundenheit und von Einheit, etwas, was man Schönheit oder Einvernehmen nennt, oder aber als Addition jeder Einzelheit, die man erkennt, unterscheidet und benennt: Himmel – Wolken – Sonne – die Farben blau, gelb, weiß – Horizont – Wellen – Schiff – Möwen usw.

Gewiss ist das Leben keine reine Addition von Erscheinungen, der Mensch hat diese Sicht selbst konstruiert; sie kann ihm nützlich, aber auch Anlass vieler Verwirrungen sein. Wir trennen die Dinge voneinander und versuchen sie dann wieder zusammenzubringen, und das ist sicher richtig schwer!

Wir sind alle auf der Suche nach Glück und Befreiung ... Ich stecke gerade in der Arbeit an einem Märchen für Kinder. Es soll mit zwei Insekten beginnen (welche Art von Insekt, weiß ich noch nicht), die nur zwei Beine haben. In einer Unterhaltung sagt das eine zum anderen: «Ich habe ein Insekt mit vier Beinen getroffen, es schien mir viel glücklicher als wir und lief viel schneller.» Beide gehen auf die Suche nach Insekten mit vier Beinen, finden welche und sagen zu ihnen: «Ihr müsst ja glücklich sein mit euren vier Beinen!» Die mit vier Beinen antworten: «Wir haben sechsbeinige Insekten getroffen.» So geht es weiter, und sie treffen Insekten mit acht, mit zwölf Beinen ...: «Ihr müsst wirklich glücklich sein mit euren zwölf Beinen!» Dann hören sie von einem Insekt mit tausend Beinen, einem alten weisen Tier, das zurückgezogen in den Bergen lebt. Das muss es wirklich sein, sagen sie sich, das ist wirklich der Buddha der Insekten. Sie besuchen es und bitten um eine Unterweisung, aber der Tausendfüßler sagt zu ihnen: «Nichts da! Ich bin überhaupt nicht glücklich. Alles ist so kompliziert. Jedes meiner Beine will seinen eigenen Kopf durchsetzen. Will ein Bein nach links, dann will ein anderes nach rechts, ich muss verhandeln, abstimmen – eine verworrene Angelegenheit! Deshalb komme ich nicht voran und sitze in diesen Bergen fest.»

Vielleicht ähnelt uns jenes zweibeinige Insekt ja ...

Immer betrachten wir die anderen oder etwas anderes als uns selbst, immer suchen wir die Befreiung da, wo sie nicht ist. Wir stellen uns eine andere Welt vor, andere Existenzbedingungen, wo wir vom Leiden befreit wären, nachdem sich Stück für Stück die Zustände, die Welten, die hinter einem liegen, aufgelöst hätten. Das ist ein Hirngespinst, eine Betrachtungsweise des Geistes in seiner gewöhnlichen Beschränkung. Nur im Saṃsāra selbst findet man die Lösung.

Gibt es ein Mittel gegen das Leiden?

Ja, aber wir suchen es immer da, wo es nicht ist. Wir versuchen Leid aufzulösen, indem wir das, von dem wir glauben, dass es uns leiden lässt, abstellen, aber wir begreifen nicht, was der Ursprung dieses Leids ist. Dies hat der Buddha in den vier edlen Wahrheiten gelehrt. Nur in dieser Welt des Leidens kann man sich vom Leiden befreien, und nicht dadurch, dass man nach einer anderen Welt sucht.

Oder man glaubt dem Leiden ein Ende zu setzen, indem man seinen Sehnsüchten nachgibt oder seiner Wut Ausdruck verleiht ...

Ja, so verhalten wir uns in den allermeisten Fällen. Viele Menschen wollen heute ihre Emotionen kontrollieren, ihre Triebe beherrschen, sie steuern, wo doch ganz klar Kontrolle, wo überhaupt möglich, niemals umfassend und befriedigend sein kann. Man mag eine gewisse Kontrolle über seine Emotionen haben, aber solang ihre Ursprünge nicht offengelegt, nicht beseitigt sind, solang befindet man sich in einer Kontrolle seines Ichs, die nur in den Dimensionen dieses Ichs funktioniert. Wir müssen aber an den Ursachen des Leidens «arbeiten», nicht nur an dessen Auswirkungen.

Die beiden ersten der vom Buddha gelehrten vier edlen Wahrheiten besagen, dass die Hauptursache Nichtwissen und sich daraus ergebende ständige Unzufriedenheit ist. Die beiden nächsten Wahrheiten nennen, was zu tun ist – wie ein Arzt, der eine Diagnose und im Anschluss einen Therapieplan erstellt. Aber das reicht nicht! Man muss die Behandlung auch durchführen, das heißt in unserem Zusammenhang in die Praxis umsetzen, und in die drei Welten der Praxis, wovon wir oben sprachen, eintreten. Das Zen lehrt, dass es kein Nirvāṇa außerhalb des Saṃsāras gibt. Es sind keine zwei getrennt voneinander existierenden Universen, so als müsse man aus Saṃsāra heraus, um quasi für immer in Nirvāṇa einzutreten. So funktioniert die Sache aber nicht. Was man Erwachen nennt, ist im Saṃsāra selbst präsent. In diesem Saṃsāra praktizieren wir das Erwachen jeden Augenblick.

Wenn das Zen die Trennung von Saṃsāra und Nirvāṇa aufhebt, betrachtet es dann die beiden ein bisschen wie die Vorder- und die Rückseite eines Blatts Papier?

Man darf nie vergessen, dass der Mensch selbst all dies erschafft, Saṃsāra so gut wie Nirvāṇa. Das alles ist nur ein Produkt des menschlichen Geistes, außerhalb dessen entspricht ihm keine Wirklichkeit. Alle Dualismen, gleich welcher Art, sind Produkte menschlicher Denkvorgänge. Das gilt für Saṃsāra und Nirvāṇa, für Hölle und Paradies, für den Teufel wie für Gott. Der Mensch ist es, der Gott erschafft.

Der Mensch empfindet sich zweifelsohne als eine ganz besondere Form der Schöpfung.

Sagen wir so: Er inszeniert sich als unstrittigen Star des Universums. Das ist aber nur so lang von Bedeutung, wie es Menschen gibt, die es glauben.

Ist diese von Grund auf nichtdualistische Weltsicht spezifisch für das Zen? Oder findet man sie auch bei anderen Formen des Buddhismus?

Mir kommt es so vor, als handele es sich in einem noch weiteren Sinn um eine Erfahrung, die alle mystischen Richtungen der großen Religionen teilen, die grundlegende Einheit aller Dinge, wo man die Dinge nicht einmal mehr benennen kann, wo ein einziger Gedanke Quelle aller Illusionen sein kann, wo Gott keinen Namen mehr hat, wo bereits «Gott» überhaupt auszusprechen eine vom Geist geschaffene Trennung bedeutet.

Im Kapitel «Shō-Ji», «Leben – Tod», des Shōbōgenzō bestätigt Meister Dōgen in der Tat die Unmöglichkeit, die beiden Wirklichkeiten von Saṃsāra und Nirvāṇa zu trennen. Teilen alle buddhistischen Traditionen diese Vorstellung?

Ja und nein. Im Lauf der Jahrhunderte hat sich buddhistisches Denken deutlich weiterentwickelt. Was zu Beginn als ein von Saṃsāra ausgehender und zu Nirvāṇa führender Weg aufgefasst wurde, nämlich die Befreiung von allem Leiden, hat sich mit dem Erscheinen des Mahāyāna in eine ganz andere Richtung entwickelt. Was die Art zu reden und zu lehren angeht, so mögen die Dinge je nach Tradition sehr unterschiedlich sein, aber nach meiner Auffassung treffen letzten Endes alle immer wieder zusammen. Aber es ist schon eines der Charakteristika der Zen-Tradition, Erwachen und Befreiung im Leben hier und jetzt und nicht unbedingt auf mehrere sukzessive Wiedergeburten verteilt zu sehen. In keinem Fall sind wir als Menschen im Westen mit einem ganz anderen kulturellen Hintergrund als dem der Kulturen Asiens gezwungen, der Lehre von der Transmigration von Leben zu Leben zu folgen. Wir können die Frage sehr gut in diesem unserem Leben untersuchen.

Sieht man die Sache so nichtdualistisch, dann gibt es ja vielleicht auch keinen Grund, eine klare Trennung zwischen Befreiung und Nichtbefreiung zu ziehen?

Was ist Befreiung? Es bedeutet, in jedem Augenblick unsere eigenen Illusionen zu erkennen, egal in welcher Situation wir uns gerade befinden. In jedem einzelnen Augenblick jubelt das Universum. Immer wenn wir leiden, wenn wir in jenen Welten sind, die uns so leidvoll erscheinen, und wir dann zum gegenwärtigen Augenblick zurückkehren, zu dem, was wirklich ist, dann unterbrechen wir die Transmigration, und deutlich spürbar zeigt sich die Befreiung.

Man kann sich aber an einem bestimmten Zeitpunkt seines Lebens in einer Situation großen Leidens befinden, in einer Situation des Kämpfens, der Konflikte, wo eine Rückkehr ins Hier und Jetzt keine Befreiung bedeutet.

Ja sicher, extreme Situationen ziehen oft ebenso extreme Reaktionen nach sich. Aber genau in diesen schwierigen Momenten sind innere Stabilität und spirituelle Erfahrung am wertvollsten. Je erfolgreicher unsere Erfahrung des Loslassenkönnens unter günstigen Bedingungen ist, desto stärker und zuversichtlicher werden wir sein, wenn die Bedingungen weniger gut sind. Allzu oft lassen wir uns in einer Situation großen Leidens von einem Augenblick zum nächsten treiben, weil es uns an Achtsamkeit und Ausdauer mangelt.

Sind wir daran immer schuld? Man kann doch auch nur Opfer einer völlig unerträglichen Situation sein.

Zufällig behandelt eines der bedeutendsten Sūtren der Zen-Tradition, das *Kannon Gyō*, genau diese Frage. Es ist dem Bodhisattva Kannon, dem Bodhisattva des universellen Mitgefühls, gewidmet. Dort beschreiben mehrere Szenen unerträgliche, nicht auszuhaltende Situationen: «Wenn ihr an einem Grashalm über einem Abgrund hängt und tief unten befinden sich ausgehungerte wilde Tiere und giftige Schlangen ... Wenn ihr von Räubern mit scharfen Messern und Säbeln überfallen werdet ... Wenn auf dem weiten Meer in einem gewaltigen Sturm euer Boot kurz davor ist, zu sinken ... Wenn ihr euch in diesen Momenten der Kraft des universellen Mitgefühls anvertraut, euch ihr überlasst, dann werden diese höllischen Bedingungen ein Ende haben und ihr werdet augenblicklich frei sein.»

Meister Deshimaru rezitierte und kommentierte dieses Sūtra gern, er pflegte uns zu sagen: *«It's true! You must believe it!»* Ich habe immer die Erfahrung gemacht, dass das, was er sagte, stimmte, und ich hatte viele Male in schwierigen Momenten die Gelegenheit, es zu erfahren. Es ist die Macht des «religiösen Geistes» über das individuelle Bewusstsein, die Macht der Hingabe über die Verzweiflung, die des Loslassens über die Aneignung.

Und das gilt genauso für jene Zustände, die mit Nichtwissen, mit Leidenschaft, mit Verlangen verbunden sind; es ist leicht überprüfbar, dass schon ein Augenblick der Achtsamkeit genügt, um diese Zustände in sich selbst zusammenstürzen zu lassen, wie ein Universum, das in ein riesiges schwarzes Loch gerät und darin verschwindet. Weil wir aber stets Herr der Situation bleiben wollen, würden wir am liebsten einen Zustand finden, in dem wir stoisch die schwierigsten Situationen ertragen und zugleich wir selbst bleiben. Ich bin überzeugt, dass das nur eine weitere riesige Illusion ist.

Ist es das, was man satori *nennt?*

Ein *satori*, das tausend Mal täglich wiederholbar ist. Es ist keine einzigartige, absolute Erfahrung, wie man das lesen kann, sondern eine ebenso wertvolle Erfahrung der Praxis in ganz alltäglichen Situationen unseres Seins. Man begreift es nicht so ganz, aber die Einsicht in unseren momentanen Zustand bedeutet eine totale Veränderung. Geschieht diese Einsicht nicht, ändert sich auch nichts, und man gerät in Zustände wie Wut oder Leidenschaft, die ihrerseits uns und unser Umfeld in ein Karma der Aktionen und Reaktionen ziehen.

Satori ist eine zutiefst individuelle Erfahrung. Ein Moment der Einsicht kann unserer Existenz eine ganz andere Richtung geben, gleichzeitig kommt dies selbst Menschen, die uns gut kennen, lachhaft vor. Wir können viel Zeit darauf verwenden, die Art, die Einfachheit von Satori zu begreifen, aber wenn das einmal geschehen ist, kann man es unzählige Male wiederholen. Wie unbedeutend die Prozesse in unserem Bewusstsein auch sein mögen, sie zu unterbrechen, das ist, was zählt. Nun könnte man sagen, ein Gedanke der Wut sei nicht so schlimm und es gebe Schlimmeres auf der Welt ... Aber ein Buddhist kann so nicht denken. Wichtig ist eben, unsere Konditionierung hier und jetzt infrage zu stellen. Immer wenn man das tut, verändert man die Dinge total. Im andern Fall ist es die Welt, in der wir uns befinden, die uns verändert.

Dann heißt also Gefangener dieses Zyklus aus Tod und Wiedergeburt zu sein, dass wir permanent Voraussetzungen für die Transmigration erschaffen?

Ja, so transmigriert man innerhalb dieser Welten, gelangt von einer zur anderen, nur weil man nicht weiß, was man stattdessen tun, wie man den Prozess unterbrechen könnte.

Was sagt der Buddhismus über den Tod als besonderen Moment, wo der Organismus und das Gehirn einfach aufhören zu existieren? Schweigt er sich darüber aus?

Ganz im Gegenteil, der Buddhismus ist da sehr redselig.

Und das Zen?

Es gibt viele Reden über dieses Thema. Aber ich denke, das sind immer nur Reden. Sie sind sicherlich von Interesse, können uns erleichtern, beruhigen, sie lassen uns Vertrauen haben und den Blick auf ein friedfertigeres und heitereres Leben nach dem Tod richten, aber es bleiben immer nur Annahmen oder Überzeugungen.

Der wahre Zugang zu all diesen Fragen geschieht im Jetzt. Eben «jetzt» geht es um alle Aspekte des Buddhismus: Zeit, Leben, Unbeständigkeit, wechselseitige Abhängigkeit, die neun Reiche des Saṃsāras, die endlose Transmigration, und dann auch um die große Frage des Sterbens. Der echte Ausgangspunkt für all dies ist das Jetzt. Wenn jemand an ein Paradies nach dem Tod glaubt, muss er es jetzt tun, denn er kann heute oder morgen sterben. Glaubt einer an Reinkarnation, muss er jetzt tugendhaft leben. Geht es um eine günstige Transmigration, muss man eben jetzt ein guter Mensch sein. Glaubt jemand an gar nichts, muss er selbst das jetzt «richtig» tun, denn die Folgen sind sofort spürbar.

Ein guter Mensch sein, großzügig sein, macht jetzt glücklich, und man bekommt die Ergebnisse davon ... jetzt!

Ist denn der Moment des Sterbens nur ein anderes Jetzt?

Ja, und was dann passiert, ist wieder ein neues Jetzt, neue Momente – oder auch nicht. Es gibt hierbei nur eine Gewissheit: Das Ich (oder das Selbst) macht die Reise nicht mit, denn es ist das Ergebnis von Ursachen und Bedingungen des momentanen Lebens, und das Ergebnis vergeht, wenn die Bedingungen für seine Existenz verschwinden. Die Erfahrung kann man machen – und zwar jetzt! Keine Angst!

3
Wie würden Sie das Bewusstsein definieren?

Es öffnet und schließt sich,
es spannt sich und entspannt sich …
es ist der Muskel des Lebens.

Im modernen westlichen Denken impliziert das Bewusstsein eine Dualität: Es gibt einen Beobachter, der etwas beobachtet. Das Bewusstsein des Selbst bedeutet auch das Bewusstsein vom anderen. Wie ist das im Zen-Buddhismus?

Ich glaube in der Tat, dass wir in den letzten Jahrhunderten das Bewusstsein in eine psychologische Dimension eingesperrt und es auf das individuelle Bewusstsein reduziert haben. Wir haben uns auf seinen «reflektierten» Aspekt auf Kosten seiner unmittelbaren und umfassenden, spontanen und intuitiven Dimension konzentriert. Dieses reflektierte Bewusstsein beruht lediglich auf Worten und kann sich nur auf den Dualismus der Sprache stützen. Wir haben seziert, analysiert, unterschieden, versucht zu definieren, zu systematisieren, abzugrenzen, und schließlich versucht, etwas namens «Bewusstsein» festzuhalten. Aber das Einzige, worin sich selbst die Philosophen und Wissenschaftler in all den Jahrhunderten einigermaßen einig sind, ist, dass das Bewusstsein eines der großen Geheimnisse bleibt. Je mehr wir es zu fassen versuchen, desto mehr reduzieren wir es. Je mehr wir es einsperren, desto mehr entweicht es uns.

Eine alte chinesische Geschichte wirft ein interessantes Licht auf das Bewusstsein. Es ist eine Geschichte, die man Kindern zum Einschlafen erzählt: Im großen Ozean lebte ein kleiner Fisch namens Tijo. Er hatte seinen Großvater kurz vor dessen Tod sagen hören, dass man das «WASSER» finden müsse. Dieser letzte Wunsch war ihm in Erinnerung geblieben, und eines Tages beschloss er, sich auf die Suche nach dem «WASSER» zu machen. Er begann, den alten Fischen um ihn herum Fragen zu stellen: «Wisst ihr, was das «WASSER» ist?» «Wovon sprichst du, Tijo? Du redest Unsinn!», antworteten sie ihm. Er setzte seine Suche monatelang fort, doch kein Fisch wusste, wovon er sprach. Eines Tages geriet Tijo in einen großen Sturm und eine Welle warf ihn aus der Tiefe in die Luft. Während er zurückfiel, sah Tijo im Funken eines Augenblicks die Wellen und den Ozean, und kurz bevor er hineinfiel, rief er aus: «Jetzt weiß ich, was Wasser ist!», und «platsch!» war er wieder im Wasser ... Aber das war nicht mehr das Gleiche wie zuvor.

Im Zen-Buddhismus sowie sicherlich in allen Praktiken kontemplativer Spiritualität ergründet man das Bewusstsein in der direkten Erfahrung – und diese Erfahrung ist im Zen das Zazen. So ist das, was man das «Bewusstsein des Selbst» nennt, lediglich der sichtbare Teil des riesigen Eisbergs, der das Bewusstsein ausmacht. Um das anschauliche Bild eines Muskels zu nehmen: So wie ein Muskel in der Lage ist, sich bei großer Anstrengung bis zum Äußersten anzuspannen, so ist er auch fähig, sich vollkommen zu entspannen, sei es im Schlaf oder wenn wir ganz entspannt sind. Aber wir haben es uns so sehr zur Gewohnheit gemacht, unser Bewusstsein in der Anstrengung und Anspannung arbeiten zu lassen, dass wir gar nicht mehr wissen, dass wir ganz entspannt vollkommen bewusst sein können. Das Bewusstsein benötigt weder Anstrengung noch Spannung. Wir können vollkommen bewusst und gegenwärtig sein, ohne im Modus des «Ich», des Wir-Selbst als Individuum und folglich des «anderen» zu funktionieren.

Ist es noch angemessen, von Bewusstsein zu sprechen? Sollten wir nicht ein anderes Wort erfinden? Ist das Individuum bewusst, wenn es den Unterschied zwischen sich und den anderen nicht mehr wahrnimmt?

In Wirklichkeit gibt es keinerlei Dualität, keinerlei Trennung zwischen «uns selbst» und den «anderen». Die einzige Trennung ist diejenige, die wir selbst erschaffen. Wo befindet sich die Grenze zwischen dem Moment, in dem man sich seiner selbst bewusst ist, und dem Moment, in dem man es nicht mehr ist? Entgegen dem, was man im Allgemeinen denkt, stehen diese zwei Zustände nicht im Gegensatz zueinander. Man kann sich dessen bewusst sein, was ist, ohne dass es eine Objekt-Subjekt-Beziehung gibt. Wir sind da im Bereich der Erfahrung und nicht der Erklärung oder der Reduktion. Die Verwirrung entsteht durch die Reduktion des Bewusstseins auf das Selbst. Das Bewusstsein des Selbst gibt es; es ist wichtig, weil es unser Verantwortungsbewusstsein weckt, aber wir funktionieren nicht permanent so.

Entspricht das, was Sie weiterhin als «Bewusstsein» bezeichnen, im westlichen Sprachgebrauch nicht eher etwas Unbewusstem? Ist man sich eigentlich der von Ihnen angesprochenen Einheit, der Nicht-Unterscheidung, bewusst?

Ja und nein. «Bewusst», «unbewusst» und «unterbewusst» gehört zu der Zergliederung, von der wir vorhin gesprochen haben. Die Dinge sind nicht so klar getrennt. Unsere Art zu denken, unsere Art Dinge zu begreifen beruht auf Dualismus und Gegensätzen. Entweder «es gibt» oder «es gibt nicht». Gemäß dieser Logik könnte man sagen, dass, wenn es kein Bewusstsein des Selbst mehr gibt, es kein Bewusstsein mehr gebe, sondern etwas anderes. Und wenn man in Einheit mit den Dingen, den anderen oder der augenblicklichen Situation ist, verschwindet das «Selbst», also gibt es nichts mehr.

Aber die Erfahrung zeigt, dass es nicht so ist. Es ist nicht das eine oder das andere. Was wir Empathie, Mitgefühl, Sympathie und Wohlwollen nennen, sind nur unterschiedliche Ausdrucksformen der natürlichen Inklusivität, der Durchlässigkeit des Bewusstseins.

Können Sie sich vorstellen, dass es ein Bewusstsein ohne Beobachter geben kann?

Natürlich. Dieses Bewusstsein existiert, jedoch vertrauen wir ihm zu wenig. Im Zen, wie übrigens in jedem spirituellen Weg, nennen wir das Hingabe. Die Hingabe an eine andere Energie, an eine andere Präsenz als wir selbst und unsere eigene Wahrnehmung der Dinge. Der Ausdruck «loslassen» ist seit den Siebzigerjahren sehr in Mode, aber er wird ein wenig problematisch gebraucht, denn es ist immer noch «ICH will loslassen». Anderseits ist dieses Loslassen auch nicht nur den großen Mystikern vorbehalten. Jedes Mal, wenn wir in einen Zug, ein Flugzeug oder ein Auto steigen, das von jemandem anders gefahren wird, praktizieren wir auf natürliche Weise das Hingeben an jemanden anders, an etwas anderes als uns selbst.

Eine der ältesten Sūtren des Theravāda, des ursprünglichen Buddhismus, heißt Satipaṭṭhāna-Sūtra oder das Sūtra der Fixierung der Aufmerksamkeit. In diesem Sūtra sind die Worte, die am häufigsten wiederkehren, «er weiß». Hier ein kurzer Auszug:

Und so weiß er, wenn er langsam einatmet: «Ich atme langsam ein.»
Er weiß, wenn er langsam ausatmet: «Ich atme langsam aus.»
Er weiß, wenn er schnell einatmet: «Ich atme schnell ein.»
Er weiß, wenn er schnell ausatmet: «Ich atme schnell aus.»

Diese Formulierung ist für den Buddhismus von zentraler Bedeutung, weil sie das Herzstück dessen ist, was man Einsicht oder transzendentes Wissen nennt. Dieses Wissen entspricht nicht dem gewöhnlichen Wissen auf der Grundlage einer Subjekt-Objekt-Beziehung. Der Beobachter und das Beobachtete sind EINS, es gibt nicht die geringste Trennung zwischen den beiden. Nur «ich weiß». Es ist ein friedliches Vertrauen, eine unmittelbare Quelle von Freude und tiefer Erleichterung. In der Zen-Tradition können wir diese Art von Erfahrung mit «Ich weiß, ohne zu wissen», «Ich denke, ohne zu denken» oder sogar «Ich denke ohne Gedanken» ausdrücken.

Dann ist das Bewusstsein die wechselseitige Abhängigkeit selbst?

Wir sind uns nur eines winzigen Teils dessen bewusst, was ist. Wenn wir in einen Raum kommen, gibt es viele Dinge, denen wir keine Aufmerksamkeit schenken, so selbstverständlich erscheint uns ihre Anwesenheit. Nur wenige Gegenstände ziehen unseren Blick auf sich und nehmen Einfluss auf unser Handeln. Unser Körper jedoch «weiß» unendlich viel mehr Dinge auf unmittelbare und stille Weise durch das, was man «Instinkt» nennt. Der Instinkt ist nur ein weiterer Ausdruck des Bewusstseins. Das gilt genauso für die Intuition.

Im Buddhismus sehen wir es so: Das Funktionieren unseres Körper-Geists bewirkt, dass wir reine wechselseitige Abhängigkeit sind. In dem Vorgang, bei dem die Phänomene vom Körper wahrgenommen werden, Gedanken nach sich ziehen und zu einer Bewusstwerdung seiner selbst und der Objekte führen, können wir zu keinem Zeitpunkt irgendetwas ergreifen. Wir existieren nur durch wechselseitige Abhängigkeit, durch aufeinanderfolgende Ursachen und Bedingungen. Das ist die ganze Lehre des Buddha über Kausalität und die zwölf Kettenglieder der wechselseitigen Abhängigkeit. In dieser Wirklichkeit gibt es nichts, was in den Begriff «Selbstbewusstsein» eingeschlossen werden könnte. In diesem Prozess gibt es das ganz einfach nicht. Der ganze Prozess an sich ist Bewusstsein. Was wir auf das Bewusstsein reduzieren, ist nur ein momentaner Zustand unserer Wahrnehmung, unserer Präsenz.

Könnte man sagen, dass die wechselseitige Abhängigkeit aller Dinge ein universelles Bewusstsein erschafft oder zum Ausdruck bringt?

Das universelle Bewusstsein ist stets da. Fragen Sie den kleinen Fisch von vorhin. Er «weiß», weil er die Erfahrung gemacht hat. Die wechselseitige Abhängigkeit ist immer da, dieser Augenblick, der im Zen der gegenwärtige Augenblick genannt wird. Was nicht immer da ist, ist unser persönliches Bewusstsein, das sich so häufig in seiner eigenen Welt isoliert. Die meiste Zeit sind wir nicht präsent bei dem, was an unserem Aufenthaltsort gerade ist.

Könnte man sagen: Je bewusster wir sind, im westlichen Sinn des Wortes, desto weniger präsent sind wir?

Lassen Sie es uns so sagen, dass die Reduktion, die Autofokussierung des Bewusstseins auf unsere Wahrnehmungen, unsere Empfindungen, unsere Analysen und unsere eigenen Kommentare in der Tat zu einer echten Trennung zwischen uns und der Welt führen. Es ist, als ob wir an der engsten Stelle eines Trichters sind, mit einem zu sehr auf uns selbst gerichteten Bewusstsein, das ein Unbehagen, ein Unwohlsein hervorbringt: ein Außen und ein Innen. Wenn wir zu sehr auf unsere Gedanken zentriert sind, zugleich Denker und Beobachter sind, sind wir zu sehr auf unsere eigenen Kommentare fokussiert. Wir leben dann in unserer eigenen Welt, wir schließen uns in unserer eigenen Denkblase ein. Den Inhalt dieser Blase können wir mit niemandem teilen. Das nennt man den Egozentrismus, mit all seinen dazugehörigen Geistern: Egoismus, Individualismus, enge Sichtweisen, Vorurteile, Gewissheiten, Grübeleien aller Art ...

Im Sūtra des Eintritts in Lankā, das für die Chan- und Zen-Tradition besonders wichtig ist, geht es oft um das Bewusstsein. Man spricht dort von den acht Bewusstseinsarten. Können Sie etwas dazu sagen?

Die sechs ersten Bewusstseinsarten entsprechen den sechs Sinnesorganen, denn im Buddhismus gehen wir von sechs und nicht von fünf aus. Das mentale Organ ist ein Sinnesorgan wie die anderen auch. Es gibt kein geistiges Bewusstsein, das den anderen Bewusstseinsarten (dem visuellen, auditiven, olfaktorischen, taktilen und gustatorischen Bewusstsein) vorausgeht. Das geistige Organ ist da, um die geistigen Objekte wahrzunehmen: Gedanken, Bilder, Emotionen ... So wie das Ohr da ist, um Töne wahrzunehmen, ist der Geist da, um geistige Objekte wahrzunehmen. Das Auge kann nicht hören und die Nase nicht sehen. Die Funktion des Geistes ist es, geistige Objekte wahrzunehmen. Die ersten sechs Bewusstseinsarten kann man das Spiegelbewusstsein nennen, da ihre Funktion darin liegt, die spürbaren und geistigen Erscheinungen widerzuspiegeln.

Die Analyse und das Denken kommen erst mit dem siebten Bewusstsein, *manas,* zum Tragen. Hier erscheinen die Mechanismen der Bewertung, der Erinnerung, des Vergleichens, des Vorausschauens, des Nachdenkens, des Ergreifens oder der Zurückweisung, der Liebe oder des Hasses – alles, was zu einer Absicht oder Energie führt, die uns wiederum handeln lassen. Das Manas-Bewusstsein wird «verunreinigtes Bewusstsein» genannt, denn hier tauchen alle Schlussfolgerungen, vorgefassten Meinungen, alle mentalen Konstrukte und alle Projektionen auf, die von vornherein durch karmische Prägungen «verschmutzt» sein werden. Das siebte Bewusstsein ist natürlich

Gegenstand unserer ganzen Aufmerksamkeit während des Zazen.

Das achte Bewusstsein ist das *Alaya*-Bewusstsein. Es ist der Ursprung oder die Quelle allen Bewusstseins. Man könnte sagen, dass dieses Bewusstsein die Gesamtheit unserer Geschichte als menschliches Wesen umfasst: unsere gesamte DNS, unser Unbewusstes, unser genetisches Erbe, unsere persönliche Geschichte, all das, was wir vergessen haben und dessen wir uns nicht mehr bewusst sind. Meister Deshimaru sprach hier von einer Art «Speicher-Bewusstsein» oder «Depot-Bewusstsein».

Im Buddhismus gibt es mehrere Schulen, die verschiedene Analysen zu diesen Themen anbieten. Keine ist allein maßgebend. In manchen heißt es, dass es neben dem *Alaya*-Bewusstsein noch das *Amala*-Bewusstsein gebe, das bis in die entferntesten Tiefen von Raum und Zeit reiche. Im *Laṅkāvatāra-Sūtra* verwendet man das Bild des Ozeans: Auch wenn man zwischen Schaum, Welle, Oberflächenwasser, Tiefen und Strömungen unterscheidet, ist alles der Ozean und nichts davon kann weggenommen oder abgetrennt werden.

Am Ende spielt es keine Rolle, ob es acht, zehn oder zwölf sind. Man kann immer weiter zurückgehen und noch mehr untergliedern ... Wir können festhalten, dass sowohl die unmittelbaren Bewusstseinsarten als auch die am weitesten entfernten, die am schwersten zu fassenden, die am wenigsten sichtbaren, die geheimnisvollsten, allesamt Teile des Bewusstseins darstellen. Wir sollten sie nicht als eine Art Treppe betrachten, wo wir mit dem Körperbewusstsein beginnen und allmählich zum Amala-Bewusstsein gelangen. Alle diese Bewusstseinsarten funktionieren zusammen in vollkommener wechselseitiger Abhängigkeit. Sie durchdringen einander auf eine Art und Weise, die wir wohl niemals genau begreifen oder definieren können. Es wäre auch absurd, dies tun zu wollen. Aber während des Zazen kann man eine Art Ahnung davon bekommen. «Wir wissen», auch wenn wir es nicht ausdrücken oder erklären können.

Wenn das Alaya-Bewusstsein nicht nur der Aufbewahrungsort unserer individuellen, sondern auch unserer genetischen Geschichte ist, sind wir dann alle eine Art Nervenenden des Universums?

So könnte man es ausdrücken. Wir alle sind Nervenenden in ständiger Entwicklung, in ständiger Veränderung. Alle Lebewesen, ob fühlend oder nicht fühlend, sind in diesem gegenwärtigen Augenblick das Bewusstsein des Universums. Wenn wir in der Natur spazieren und jedes Tier, jeden Vogel, als wirklich lebende Wesen betrachten, zum Beispiel eine grasende Kuh, einen Baum und so weiter als Lebewesen ansehen, mit ihrer Energie und Schönheit, dann wird unser eigenes Bewusstsein lebendiger, umfassender, weil wir die Lebewesen wirklich «sehen». Es ist eine Art Licht, das uns jedes Mal durchdringt. Unser Bewusstsein wird klarer, heller, offener, als gäbe es mehr Bewusstsein, mehr Leben in uns. Es ist eine ganz körperliche Erfahrung. Die meiste Zeit, wenn wir in der Natur spazieren gehen, achten wir nicht darauf, wir denken an viele Dinge, aber wenn wir die Wesen als wirklich lebendig ansehen, werden wir selbst lebendiger. Das Wort «lebendig» kann man durch das Wort «bewusst» ersetzen. Das Bewusstsein der Dinge zu sehen, nährt und öffnet unser eigenes Bewusstsein.

Im Zen spricht man noch von einer anderen Form des Bewusstseins, das man das Hishiryō-Bewusstsein nennt. In welchem Zusammenhang steht es mit den anderen?

Es ist schwer, darüber zu sprechen, da es sich wirklich um eine Erfahrung handelt. Über *hishiryō* sprechen zu wollen, ist irgendwie absurd, aber, nun gut ... das Interviewformat verlangt es von uns. Hishiryō ist keine Bewusstseinsform unter anderen, sondern eine Energie, die alle Bewusstseinsformen, von denen wir gesprochen haben, durchdringt. Es ist etwas Übergreifendes, Dynamisches. Hishiryō ist kein Zustand. Es ist dynamisches, kreatives Denken, es ist die reine Kreativität. Es ist das Bewusstsein, das nicht beim Denken oder beim Begreifen der Dinge aufhört. Es ist das freie Bewusstsein. Es ist die Energie, die das Bewusstsein antreibt. So könnte man es formulieren.

Wie könnte man das japanische Wort hishiryō *übersetzen?*

Wörtlich mit «unmessbar» oder «unermesslich». Hishiryō ist keine Abwesenheit von etwas, es ist aktiv. Es ist eine vollkommene Präsenz. Nicht eine Präsenz in der Dualität zwischen sich und der Welt, sondern die Präsenz in der Einheit. Ich bin dort gegenwärtig, wo ich bin. Das ist weder ein Anhalten noch ein Nicht-Funktionieren, geschweige denn eine Fehlfunktion. Es ist ein vom dualistischen Erfassen befreites Leben. Man denkt das Nicht-Denken. Man könnte sagen, dass man sich denken lässt oder dass man «gedacht» wird. Eine der großen Fragen im Zen lautet: «Was ist DER Gedanke vor DEINEM Gedanken?». Was ist der Gedanke vor den Worten, der Logik, der Rationalität, vor gut und böse, vor richtig und falsch? Eine vorschnelle Antwort wäre, dass es vor all dem nichts gebe ... oder es sei ein Gedanke in grobem, ungehobeltem Zustand, prähistorisch, ursprünglich im Sinn von «primitiv».

Die Erfahrung beim Zazen zeigt uns, dass es nicht so ist, sondern dass das Denken «vor den Worten und der Sprache» ein erstaunlich feines und subtiles Denken ist, unglaublich intuitiv und in vollkommener Harmonie mit den gegenwärtigen Umständen. Es ist ein Denken, das dem Augenblick entspringt und nicht unserer Interpretation oder Analyse des Augenblicks. Im Allgemeinen bevorzugen wir es, unserem Intellekt und unseren Analysen, unseren Wahrnehmungen und unserem «gebildeten Geist» zu vertrauen. Mit Zazen lernen wir auf eine subtile Art und Weise, uns etwas anderem anzuvertrauen als dem denkenden und urteilenden Geist. Dieses Vertrauen wird zunehmend gegenwärtig und natürlich. Die Erfahrungen des Alltags zeigen uns, dass das ein überaus lebendiges, auf tiefe Weise kreatives und intuitives Leben ermöglicht.

Hat die Erfahrung dieses Bewusstseins etwas mit dem Erwachen zu tun? Ermöglicht sie uns, besser zu leben?

Im Zen wird die Erfahrung des Erwachens oder des Satori oft als «nichts Besonderes» bezeichnet. Es handelt sich nicht um einen speziellen Zustand. Im Gegenteil, es ist die Fülle der Dinge, wie sie sind. Es ist kein bestimmter Bewusstseinszustand, sondern das Geschehen-Lassen, das Aufgeben, das berühmte *datsuraku*, das Loslassen allen Festhaltens, ohne dabei eine gewisse Urteilskraft und Kohärenz zu verlieren. Dennoch machen wir nicht irgendwelchen Quatsch. Wir befinden uns in völliger Übereinstimmung mit den Geboten. Unser Verhalten ist recht, passend, schafft keinen Unfrieden. Wir bewirken auf natürliche Weise Gutes. Das nennen wir den Geist des Bodhisattvas.

Sind die Gebote Ausdruck des natürlichen Geschehens der Dinge?

Sie drücken nichts anderes aus. Im Zen sagen wir: Zazen ist die Quelle aller Gebote. Es geht um das gleichzeitig gegenwärtige, entspannte und weite Bewusstsein, das wir während des Zazen erleben. Die Gebote und unser Verhalten im täglichen Leben schöpfen aus dieser Erfahrung. Sie lassen sich nicht auf moralische Regeln oder Verbote reduzieren. Sie sind der eigentliche Ausdruck des Bewusstseins, über das wir sprachen.

Genau dann kommen die verschiedenen Bedeutungen des Wortes «Bewusstsein» zusammen ... und werden einfach zum Leben.

4
Wovon spreche ich, wenn ich «ich» sage?

Ich weiß nicht, wovon ich spreche ...

Welche Wahrnehmung hat der Praktizierende des Buddha-Weges von seinem Ich?

Das hängt von seinem augenblicklichen Bewusstseinszustand ab. Ein Praktizierender des Buddha-Weges kann von einem Moment zum anderen in Verwirrung geraten und ebenso schnell wieder herauskommen. Die Wahrnehmung des Ichs ist veränderlich: Sie kann sich auf sich selbst zusammenziehen oder bis zum Äußersten ausweiten.

Im Buddhismus heißt es oft, das Ich sei eine Illusion ...

Ja, das sagt man oft etwas schnell daher. Tatsächlich ist das Ich eine Illusion und auch wieder nicht. In einem berühmten Gedicht von Dōshin, dem vierten chinesischen Patriarchen, heißt es: «Man kann nicht sagen, dass es nichts gebe, da es sich genau hier unter meinen Augen befindet, aber man kann nicht sagen, dass es existiere, weil es nichts gibt, was ich erfassen kann.»

Das Paradoxe ist, dass es etwas gibt, aber dass das nicht etwas ist. Dass es nicht «nichts» gibt, aber dass man dennoch nichts erfassen kann. Für unseren gewöhnlichen Geist ist das unmöglich zu begreifen. Hingegen die Quelle aller Illusionen ist das Haften am Ich.

Der Gegenstand oder das Ziel der Praxis ist also nicht, sich vom Ich zu befreien oder über das Ich hinauszugehen, sondern es in eine umfassende Wahrnehmung zu integrieren?

Es ist mehr als das. Die Praxis besteht darin, die wahre Natur des Selbst zu erkennen. Die wahre Natur des Selbst ist nicht das, wofür wir sie halten. «Ich» als solches existiert nicht. «Ich» existiert nicht unabhängig und autonom. Diese Art von Ich existiert nicht, es ist eine mächtige Verwirrung, da können wir wirklich von einer Illusion sprechen. Wenn wir glauben, dass «ich» entscheide, dass «ich» denke, dass «ich» dies und das tue, dann befinden wir uns in einer gestörten oder verwirrten Wahrnehmung dessen, was wir wirklich sind. Im Zen leugnen wir das Selbst nicht, sondern sprechen vom Nicht-Selbst oder eher von der wahren Natur des Selbst, das heißt, man spricht von einer anderen Dimension des Selbst.

Das Nicht-Selbst ist eine andere Dimension des Selbst?

Von dem, was wir unter «Selbst» verstehen.

Machen Sie keinen Unterschied zwischen «Ich» und «Selbst»?

In diesem Zusammenhang ist es besser, keine Unterscheidungen zu treffen: «Ich», «Selbst», «Mein», «das Meinige» ... alle diese Worte lassen uns glauben, es gäbe ein Subjekt, das der Besitzer von Objekten ist. Gleich, ob es sich dabei um materielle Objekte handelt wie «mein Auto», «mein Haus», oder um Lebewesen wie «meine Frau», «meine Kinder», oder geistige Objekte wie «meine Gedanken», «meine Emotionen», «meine Meinungen», «meine Vorlieben».

Alle diese Begriffe wurden von Menschen für Menschen erschaffen, mit dem Ziel, Antworten zu geben auf das Paradox, über das wir gerade gesprochen haben, nämlich eine bestimmte Beschaffenheit in das zu bringen, was keine hat. Die Psychologie, oder eher die buddhistische «Physiopsychologie», hat alle diese Mechanismen und Prozesse sehr gründlich untersucht: die Interdependenz, das Ergreifen, die Aneignung und die Identifikation, die zur illusorischen Vorstellung eines dauerhaften, unabhängigen, autonomen und konsistenten Selbst führen, an dem wir haften.

Die wahre Natur des Selbst, ist das das Nicht-Selbst?

Das Nicht-Selbst ist ein Selbst ohne Grenzen. Rimbaud sagte: «Ich ist ein anderer.» Er hatte da eine wundervolle Eingebung. Ich weiß nicht genau, in welchem Zusammenhang er das sagte, aber er hatte eine schöne Eingebung mit dieser Formulierung. Aber man kann noch darüber hinausgehen und sagen: «Ich ist alles.» «Ich» ist nicht nur ein anderer. «Ich», das ist die Umgebung, in der ich mich befinde, die Temperatur, das, was ich esse, die Beziehungen, in denen ich mich befinde, mein soziales Umfeld, die Gesellschaft, in der ich lebe, die Mode, die Musik, die ich höre, die Nachrichten, die ich höre, die Bücher, die ich lese. Es ist meine Kultur, mein Land, meine Eltern und alles darüber hinaus. Je nachdem, ob ich entfernte chinesische oder skandinavische Wurzeln habe, ist das «Ich» unterschiedlich. «Ich» ist die Gesamtheit dessen, was ist. Zu keinem Zeitpunkt können wir einen Schnitt machen und sagen: Hier beginnt das «Ich» oder hier hört es auf. Wenn wir ihn dennoch machen, müssen wir ihn mit dem vollen Bewusstsein dessen tun, was wir im Mahāyāna die zwei Realitäten nennen: die konventionelle oder relative Realität, in der das «Ich» zentral und allgegenwärtig ist, und die Realität, die wir als absolut bezeichnen oder als die «Leere», in der das «Ich» keine Grundlage findet.

Ein anderer Patriarch, Meister Tōzan, sagte: «Wohin ich auch gehe, begegne ich mir selbst.»

Ja, das drückt es aus. Zum Beispiel bezeichnen wir als Grenze unseres Körpers die Haut, was wir im Zen-Buddhismus als den «Hautsack» bezeichnen, weil wir gewöhnlich den Körper als etwas innerhalb dieser Grenze betrachten. Wir sprechen dann von «innen» und «außen». Aber wir können den Körper keinesfalls nur durch die Haut begrenzen, wir haben noch andere Sinnesorgane. Der Geschmack ist eher innerlich, aber der Geruchssinn geht schon einige Meter oder mehr darüber hinaus; das Gehör schon einige hundert Meter und mehr; und wie steht es mit dem Sehen, das uns zu den Sternen bringen kann, zur Milchstraße? Und dann ist da noch das Bewusstsein, das uns im Nu in die Vergangenheit, in die Zukunft und ans andere Ende der Erde schicken kann.

Wo hört unser Körper auf? Wie schade, ihn so zu begrenzen und vor allem diese künstliche Unterscheidung zu schaffen zwischen dem, was wir unseren Körper nennen, und dem, was wir als Geist oder Bewusstsein bezeichnen.

Kann man sagen, dass das Bewusstsein das ganze Universum enthalte?

Es gibt kein anderes Bewusstsein als das kosmische Bewusstsein. Heutzutage sind die Worte dafür etwas überstrapaziert ... Kosmisches Bewusstsein oder universelles Bewusstsein oder grenzenloses Bewusstsein, das ist nicht so wichtig. Es gibt nur das eine Bewusstsein. Aber es hängt von den Umständen ab: Wie schon vorhin gesagt, kann es sich zusammenziehen, sich abkapseln, sich einigeln. Man kann von einer Sache ganz besessen sein, erstarren und sich verhärten wie Beton, der fest wird. Wenn man wütend wird, denkt man nur noch an eine Sache, man sieht nicht mehr, was um einen herum geschieht, man ist in seiner Aggressivität gefangen und denkt an nichts anderes mehr als das, was man tun könne, um sich zu rächen ... Das nennt man Verblendung.

Das Bewusstsein kann sich auf erstaunliche Weise zusammenziehen und es kann auch augenblicklich loslassen, sich weiten und zum Unendlichen öffnen. Unendlich heißt, dass das Bewusstsein wirklich ohne Grenzen ist, ohne irgendeine Beschränkung. Während des Zazen können wir diese erstaunliche und wunderbare Erfahrung machen. Es ist nichts Theoretisches, sondern eine Erfahrung, und deshalb sehr wertvoll. Es ist nicht etwas, was wir uns zu eigen machen oder versuchen zu verstehen. Man erfährt es: Das Loslassen ist vor allem eine Erfahrung. Aus einem kümmerlichen, verengten Bewusstseinszustand heraus die «Hand des Geistes» öffnen und loslassen. In einem Wimpernschlag findet dieses Bewusstsein wieder zum universellen Bewusstsein zurück, findet wieder, was es ist, ein Bewusstsein ohne Grenzen. In einem Gedicht von Meister Dōgen heißt es: «Es bringt einem Fisch keinerlei Vorteil, wenn sich die Wassermenge, in der er lebt, verringert.» Das gilt auch für unser Bewusstsein.

Wird unser Verhalten im täglichen Leben durch die Erfahrung von Zazen beeinflusst?

Beeinflusst, betroffen, vollkommen umgewandelt! Es ist etwas vollkommen anderes, aus der Gewissheit eines «Ichs» zu handeln, das sich vom Rest isoliert glaubt, oder aus der tiefen Erkenntnis von Ursachen und Bedingungen sowie der Realität der gegenseitigen Abhängigkeit aller Dinge. Der Ausgangspunkt unseres Handelns und Verhaltens ist ein ganz anderer, und auch, wohin es führt.

Gibt es einen Widerspruch zwischen der Natur der wechselseitigen Abhängigkeit des Ichs und dem Vorhandensein einer Persönlichkeit? Zum Beispiel waren Meister Deshimaru und Meister Shunryū Suzuki sehr unterschiedliche Persönlichkeiten, und doch sprachen sie beide aus dieser Erfahrung heraus.

Nehmen wir als Beispiel einen Baum, dem man normalerweise kein Ich und keine Persönlichkeit zugesteht, und doch ist jede Eiche einzigartig, genauso jede Katze und jeder Hund. Alle Menschen haben unterschiedliche Persönlichkeiten, weil sie eine unterschiedliche Geschichte, unterschiedliche Erfahrungen und Gene haben und in unterschiedlichen Kulturen aufgewachsen sind. All das macht jeden Menschen einzigartig. Aber das bedeutet immer noch nicht, dass es eine dauerhafte und unabhängige Persönlichkeit oder ein solches Ich gäbe. Was für zwei Eichen oder zwei Katzen gilt, gilt auch für zwei Zen-Meister.

Man kann das Ich als ein Gefühl definieren, eine andere Identität zu haben als die anderen, als eine Art persönliche Note, die fortzubestehen scheint, egal wie die Umstände sein mögen. Sicherlich können besondere Umstände eine Veränderung bewirken, aber bleibt nicht doch ein unveränderlicher Kern?

Ja, das Gefühl, dass das Ich, das gestern existierte, auch heute existiert und morgen existieren wird, trotz der Umstände und Veränderungen. Es wäre also die gleiche Person, die einmal klein war, dann aufgewachsen ist und jetzt älter wird. Es ist genau diese Empfindung, dieses Gefühl, das man im Buddhismus Anhaftung nennt und besonders die Anhaftung an die Persönlichkeit und an das Ich. Genau diesen Punkt müssen wir während des Zazen beobachten und untersuchen. Dieser Punkt steht im Mittelpunkt unseres Lebens, aber auch im Mittelpunkt der Frage, was nach dem Leben kommt.

Der Zen-Buddhismus spricht nicht von Reinkarnation, sondern von der Transmigration Augenblick für Augenblick. Wenn es keinen beständigen Kern gibt, was wandert dann?

Bei diesem Thema halte ich den Zen-Buddhismus für weise und zur Abwechslung auch für vernünftig.

Wenn man Meister Deshimaru über das Leben nach dem Tod befragte, antwortete er: «Das liegt bei Ihnen. *As you like.*» Das brachte alle zum Lachen, aber wenn man es genauer betrachtet, dann ist es zutiefst weise. Es gibt so viele unterschiedliche Vorstellungen über das, was nach dem Leben passiert. Einige glauben an das Paradies und die Hölle, andere an Wiedergeburt, die Wiedergeburt nach einigen Jahren oder Tagen oder Sekunden. Einige glauben an die Transmigration von einem Leben ins andere. Andere glauben, dass die Gesamtheit einer Person ende und dass nichts weiter geschehe ..., dass im Augenblick des Todes das ganze Bewusstsein in die unsichtbare Welt zurückkehre, ins Unerschaffene.

Wäre eine dieser Sichtweisen richtig, dann wären alle anderen falsch. Mehr noch, wenn so viele Menschen wirklich wüssten, was passiert, müssten sie weitgehend übereinstimmen, aber das tun sie nicht. Unter den großen Erwachten gibt es sehr unterschiedliche Ausdrucksweisen. Wenn es «eine» Wahrheit gäbe, würde man sie kennen. Hätte ein Weiser die Wahrheit gesagt, dann würde das bedeuten, dass die anderen sich getäuscht haben oder dass sie Scharlatane sind. Darüber hinaus gibt es selbst in einer Religion wie dem Buddhismus unterschiedliche Vorstellungen über das, was nach dem Tod geschieht, und der Buddha sagte niemals: «Ihr müsst an dies oder jenes glauben.» Auf Fragen metaphysischer Natur bewahrte er ein «vielsagendes Schweigen».

Persönlich glaube ich nicht, dass jemand es weiß. Jeder von uns hat eine Ahnung davon, was passieren könnte, glaubt an das, was er glauben will, und das ist gut so.

Was das Zen angeht, können wir nicht sagen, dass es zu diesem Thema keine Unterweisung gäbe. Ganz im Gegenteil, es gibt eine sehr wertvolle Unterweisung, die besagt: Wenn ihr an Reinkarnation oder Transmigration glaubt, dann besteht das Einzige, was ihr tun könnt, darin, jetzt das Gute zu praktizieren, um hoffen zu können, dass das, was nach eurem Tod passiert, euren Erwartungen entspricht. Wenn man an das Paradies glaubt, dann ist das Einzige, was man tun muss, jetzt das Gute zu tun, sonst riskiert man, an einen anderen Bestimmungsort zu gelangen. Und wenn Sie glauben, dass es nach dem Tod nichts gibt, dann ist das Beste, was Sie tun können, das Gute zu praktizieren, denn das gibt Ihnen am meisten Halt und Trost in diesem Leben.

In allen Fällen bringt uns alles zu dem zurück, was wir jetzt tun. Das Zen sagt: Anstatt darüber nachzudenken, was nach dem Leben geschehen wird, lebt euer Leben. Lebt euer jetziges Leben und praktiziert das Gute. Was auch immer später passieren wird, ihr werdet nichts zu bereuen haben, denn ihr habt für euch und vor allem für die anderen ein vollkommen gutes Leben gelebt!

Wenn man an nichts glaubt, warum sollte man dann nicht eher etwas praktizieren, was auf eine dauerhafte Befriedigung des Ichs abzielt?

Weil es diese Befriedigung nicht gibt! Wer es auch versucht – und seit der Mensch Mensch ist, sucht er diesen Zustand des ständigen Vergnügens –, der weiß, dass das ein Hirngespinst ist. Wenn man gutes Essen mag, kann man eine Zeit lang gut und viel essen, aber eben nur eine Zeit lang, denn irgendwann gebietet der Körper Einhalt. Wenn man von Sex besessen ist, dann gibt es auch diesen Moment, wo es nicht mehr geht, wie groß unser Vermögen auch sein mag. In manchen Bereichen kann man lange an die Grenzen gehen. Manche Personen, die bereits Milliarden haben, wollen nochmals zehn dazu. Sie haben einen unersättlichen Appetit, aber sie können sich niemals die Ewigkeit erkaufen, egal wie viel Vermögen sie anhäufen. Das ist Teil der Gier, des «Durstes», von dem der Buddhismus spricht, der eine der Hauptwurzeln der Anhaftung an das Ich ist und die Quelle allen Leidens und aller Unzufriedenheit.

Rät uns die Lehre des Buddha, uns von diesem «Durst» zu befreien?

Ja, aber nicht indem man das Verlangen abschneidet. Sie schlägt uns vor, uns von diesem «Durst» zu befreien, indem wir die Unwissenheit hinter uns lassen, indem wir erwachen und die grundsätzliche Unwissenheit erkennen bezüglich dessen, was wir sind, die wahre Natur des «Selbst». Je mehr wir die wahre Natur des «Selbst» erkennen und erfahren, desto mehr erkennen wir gleichzeitig, dass nichts fehlt. Hier und jetzt haben wir alles, um «eins» zu sein mit dem, was ist, egal wie die Bedingungen, die Schwierigkeiten und Leiden sein mögen.

Wir dürfen die Leiden und Schwierigkeiten nicht unserer Fähigkeit zum Erwachen entgegenstellen. Wir wissen alle, dass unsere Schwierigkeiten und Leiden es uns oft ermöglichen, ungeahnte Quellen zu entdecken, die uns wachsen lassen. Selbst die schwierigen Momente unseres Lebens, mit allen Arten von Leiden, können wir als Momente der Umwandlung erfahren. Damit will ich sagen, dass der Zustand der Zufriedenheit nicht durch die Umstände bedingt ist. Selbst in den schwierigen Augenblicken kann man das annehmen, was ist. Das ist keine Resignation, es ist eine Akzeptanz, ein tiefes Verständnis, dass die Umstände mich nicht daran hindern, in Einklang mit dem gegenwärtigen Augenblick zu sein.

Könnten Sie so etwas den Migranten sagen, die auf Schlauchbooten das Mittelmeer überqueren?

Sicherlich nicht! Diese Akzeptanz kann nur die Frucht einer langen Praxis sein. Es wäre ungehörig, ihnen zu sagen: *Enjoy your life!* In der *Washington Post* wurde einmal eine Zeichnung veröffentlicht, die einen Mann in völliger Armut in einer Hütte zeigt, mit einem rauchenden Holzofen in der Ecke. Sechs oder sieben Kinder in Lumpen laufen umher. Die Mutter versucht, eine verschrumpelte Kartoffel zu kochen ... Er sitzt auf einer Holzkiste und liest ein Buch über Zen. In einer Sprechblase sagt er zu seiner Frau: «In dem Buch sagen sie, dass man sein Leben genießen solle – *they say, enjoy your life.*» Das kann in der Tat ein bisschen extrem erscheinen. Es steht weder mir noch anderen zu, so etwas zu jemandem zu sagen, der sich in großen Schwierigkeiten befindet.

Sind Sie davon überzeugt, dass die Praxis des Buddhismus sich in solchen Situationen bewähren kann?

Ja, davon bin ich überzeugt. Sie sprachen da ein extremes Beispiel an, aber man kann sich gut viele andere vorstellen.

Wissen Sie, jemand, dem es in der Gesellschaft gut geht, der sich in einer guten materiellen Situation befindet, einen guten Job hat, kann depressiv werden, ausgebrannt, und Selbstmord begehen. Das menschliche Leid ist schwer zu verstehen. Es folgt keiner Logik. Was lässt uns leiden? Es gibt auch Berichte über Flüchtlinge, die mit Lebensfreude, unerschütterlichem Optimismus und einem Lächeln auf den Lippen ankommen. Wie können wir sie mit denen vergleichen, die im Wohlstand leben und doch unzufrieden sind? Aber ich möchte betonen, dass dieses Verständnis die direkte Frucht unserer Praxis ist, einer täglichen, tiefgehenden Praxis, die Beharrlichkeit und Geduld erfordert. Wenn eine Person, die ohne jede Kenntnis und Praxis der buddhistischen Lehre ist, konfrontiert wird mit dem, was man heute euphemistisch «Unfälle des Lebens» nennt, dann ist das sehr leidvoll.

Sind nicht diejenigen, die ein komfortables Leben führen und dabei an Depressionen leiden, nicht genau Opfer dessen, was wir die Krankheit des Ichs nennen, oder des Irrglaubens an dessen Existenz?

Viele Krankheiten sind Krankheiten des Ichs. Sie sind die direkte Folge dieses Unverständnisses, dieser inneren Konfusion. Wir wissen nicht mehr, wer wir sind und was der Sinn unseres Lebens ist. Wir verlieren die Orientierung. Der Buddha ist der große Arzt, der diese Krankheit behandelt, und seine Lehre ist seine wichtigste Medizin.

In unserer Gesellschaft lautet das Credo jedoch: «Seid ihr selbst.»

Ja, das ist das vorherrschende Denken unserer Zeit, das von einer totalen Idealisierung des Ichs herkommt. Aus diesem Traum werden wir aufwachen, so oder so, aber das Erwachen wird vermutlich sehr schmerzhaft sein.

Heute erleben wir die Extreme dieser Logik, der Kultur des Ichs, die manchmal kuriose Formen annehmen kann, wie zum Beispiel in der Mode. Der Individualismus, der Egozentrismus, der bis zum Äußersten getriebene Egoismus bemächtigen sich aller Bereiche der Gesellschaft und eines großen Teils unserer Erdbevölkerung. Selbst in der Religion und Spiritualität! Vor allem die Energie der finanziellen Interessen ist so mächtig, dass es fast unmöglich ist, diese Dynamik nur mit dem Willen aufzuhalten.

Wie befinden uns in einem extremen Individualismus, der an seine Grenzen gelangt. Wir können es nicht noch viel weiter treiben, da wir die Symptome und Krankheiten schon deutlich vor Augen haben. Wir können unsere Kinder nicht weiter so erziehen, im Geist des permanenten Wettbewerbs, des Verlustes an Solidarität, im Geist dessen, was das Menschsein schließlich ausmacht. Das wird irgendwann nicht mehr hinnehmbar oder ganz einfach unerträglich sein … Aber vielleicht müssen wir bis ans bittere Ende gehen … Die Menschen sind an Extreme gewöhnt. Oft müssen sie erst ganz schrecklich bis auf den Grund des Elends sinken, um das Beste in ihnen wieder zum Vorschein zu bringen.

5
Was ist die wesentliche Lehre des Zen-Buddhismus über die Zeit?

Jetzt.
Es gibt NUR *jetzt.*

Welche Vorstellung von der Zeit hat ein Zen-Praktizierender?

Zunächst einmal müssen wir, wenn wir aus unserer Zazen-Erfahrung heraus über Zeit sprechen, zurückkommen zu einer gewöhnlichen Wahrnehmung, einer herkömmlichen Sichtweise dessen, was wir Zeit nennen. Das heißt, dieser Verlauf, der von der Vergangenheit über die Gegenwart in die Zukunft geht und uns sagen lässt: «Die Zeit vergeht.»

Wir verorten uns in der Zeit entsprechend der Vorstellung, die wir von uns selbst haben. Eine lineare Zeit, in der wir von Vergangenheit, Gegenwart und Zukunft sprechen, erlaubt uns, uns als «ich», als Subjekt auszudrücken: «Ich war gestern hier, ich bin jetzt hier, ich werde morgen hier sein.» Unser gesamtes intellektuelles und rationales Denken kann sich nur aus dieser Zeitvorstellung heraus bilden, in der das «Ich» eine Stütze findet und seine eigene Existenz geltend machen kann.

Wir haben in einem anderen Gespräch gesehen, wie diese Geltendmachung des «Ichs» die Quelle aller Illusionen und Verwirrungen ist. Das intellektuelle Denken selbst basiert auf Sprache und Worten. Unsere Grammatik und die Zeitformen, mit denen wir unsere Handlungen konjugieren, zeigen gut, dass alles perfekt strukturiert und nachvollziehbar ist: «Es wäre mir möglich gewesen, dies zu tun, aber ich tue es nicht und werde es auch nie tun …» Die Idee eines Subjekts, das auf einer Einbahnstraße durch die Zeit reist, das sich aber auch erlaubt, in die Vergangenheit zurückzugehen und sich sogar von der Zukunft in die Gegenwart begibt, als ob nichts geschehen wäre ... Als glitten wir wie ein Surfer auf einer Welle durch die Zeit. Wir vergessen einfach, dass diese vom Menschen «gemachte» Zeit nur ein sehr ausgeklügeltes Werkzeug ist, das ihm erlaubt, sein Denken zu erschaffen und zu strukturieren. Und natürlich auch, um in der Lage zu sein, nachvollziehbar mit anderen zu kommunizieren.

Aber so schön und nützlich es auch sein mag, es bleibt ein Werkzeug, und wie jedes Werkzeug sollte es nur dann eingesetzt werden, wenn es notwendig ist. Da wir also die menschliche Zeit, von Menschen für Menschen geschaffen, nicht mehr infrage stellen, haben wir sie als real etabliert und zur Grundlage unseres Lebens gemacht, sowohl für den Einzelnen als auch für die Allgemeinheit. Mit der Erfahrung von Zazen, da es sich in der Tat um eine Erfahrung und nicht um ein Konzept handelt, entdecken wir eine andere Zeit, die sich nicht dehnt, sondern, man könnte sagen, «verdichtet». Wenn wir in diese Wirklichkeit eintreten, hat die Zeit keine Dauer mehr. Der jetzige Moment hat keine Dauer mehr. Das mag wie die Zeitdauer eines Funkens erscheinen oder kann mehrere Minuten oder sogar viel länger dauern. Die Zeit hat keinen messbaren Wert mehr. Es ist eine vollkommen andere Art, die Wirklichkeit der Zeit zu leben.

Kommen wir jetzt zu dieser anderen Zeit. Ich möchte zunächst die Lehren des Zen über die Zeit ansprechen, in der die Handlungen wirklich von Anfang bis zum Ende ausgeführt werden, während im täglichen Leben eine große Anzahl von Gesten und Worten in Eile und ohne wirkliche Gegenwart durchgeführt werden. Hat die Dauer einer Handlung nicht an sich schon einen realen Wert?

Natürlich hat sie das! Die Zeit, die in der Dauer gelebt wird, ist äußerst kostbar, denn sie ist das Zentrum unseres täglichen Lebens. Die Frage ist nur, «wer» sich in dieser Zeit befindet!

In dem, was wir «tägliches Leben» nennen und was im Chan und im Zen ein wichtiges Thema ist, sind viele Dinge miteinander verflochten. Man hat den Eindruck, dass eine Handlung nicht beendet ist, während man bereits eine andere beginnt, und noch eine andere, man kommt auf die erste zurück, man beginnt eine dritte. Wir befinden uns ständig in der gegenseitigen Durchdringung von Handlungen, die sich unterbrechen oder überschneiden. Wir verlieren das Gefühl für eine Handlung, die irgendwann beginnt und irgendwann endet. Im Zen sprechen wir oft von der «rechten Handlung» als einem Tor zum Erwachen: zum Beispiel eine unbedeutende Handlung wie das sanfte Schließen einer Tür, ohne Lärm zu machen.Wir öffnen eine Tür und schließen sie: eine Tür des Erwachens. Wir gehen vom Anfang bis zum Ende einer Handlung. Das nennt man *zanshin*, die bewusst ausgeführte Geste, im Handeln des Augenblicks gegenwärtig sein. Wir finden das in den von der Zen-Praxis inspirierten Künsten wieder: dem Ikebana, der Kalligraphie, den Kampfkünsten, der Teezeremonie, dem Bogenschießen, in allen sogenannten Zen-Künsten, die Zanshin ausdrücken. Wenn man schon einmal einer Teezeremonie beigewohnt hat, versteht man sofort, was Zanshin bedeutet.

Aber können wir das wirklich so in unserem täglichen Leben praktizieren? Theoretisch ja, aber die Praxis zeigt uns schnell, wie schwierig es ist. Eine Redensart im Zen sagt humorvoll: «Theoretisch muss die Theorie in die Praxis umgesetzt werden.» Das bedeutet, dass es einfach ist, darüber zu sprechen, aber es zu praktizieren, ist oft schwierig.

Und warum ist das so schwierig? Weil unsere Wahrnehmung dieser unvollendeten Dinge oder der Dinge, die aufeinanderprallen und sich gegenseitig stören, durch unsere eigene falsche Selbstwahrnehmung verzerrt wird. Wir müssen also lernen, dies unter günstigen Bedingungen, wie in einem Zen-Dōjō, zu tun.

Alles, was wir in einem Zen-Dōjō tun, ist, dieses Lernen immer wieder zu wiederholen: das Dōjō mit dem linken Fuß betreten, parallel zu den Wänden gehen, sich vor dem Kissen verneigen, bevor man sich hinsetzt … Wir reihen Handlungen aneinander. Das macht jede Handlung einzigartig, wir tun nicht zwei Dinge gleichzeitig. Wenn man *gasshō* macht, macht man nichts anderes. Im Alltag haben wir kein Problem damit, zwei, drei oder sogar vier Handlungen gleichzeitig zu tun oder zu glauben, dass wir sie tun können. Wenn wir essen und dabei fernsehen, trinken, Zeitung lesen und uns möglicherweise mit jemandem unterhalten, um die Nachrichten zu kommentieren, befinden wir uns bereits in fünf oder sechs gleichzeitigen Handlungen. Das sind die Gewohnheiten, denen wir die meiste Zeit nachgehen. Das ist sicherlich der Grund, warum unser Leben und unser Verstand in großer Unordnung sind. Und es ist wohl auch der Grund, warum wir das verwirrende Gefühl haben können, unsere Zeit zu verschwenden oder uns an der Oberfläche der Dinge zu bewegen, ohne sie jemals wirklich zu erleben.

Im Dōjō hingegen gibt es nur eine Handlung auf einmal, die von Anfang bis zum Ende durchgeführt wird. Zum Beispiel wird der Atmung große Aufmerksamkeit geschenkt. Was ist unbedeutender als ein Atemzug? Doch jeder Atemzug ist lebenswichtig, jeder Atemzug ist einzigartig und wird bis zu seiner Vollendung gelebt.

Zu Beginn eines jeden Zazen hören wir Trommelschläge, so viele Schläge, wie Stunden vergangen sind. Um sechs Uhr hören wir sechs Schläge, um elf Uhr elf usw. Geht es darum, dass unsere Aufmerksamkeit von Anfang an auf die vergehende Zeit gerichtet ist?

Es geht vor allem darum, uns in den gegenwärtigen Moment zurückzubringen, denn wir neigen immer dazu, ihm zu entfliehen, in der Vergangenheit oder Zukunft zu sein, alles andere als im Jetzt. Wenn wir uns in Zazen hinsetzen, sind wir in der Regel von allen möglichen Sorgen des täglichen Lebens erfüllt, und bestimmte Klänge können uns helfen, uns dessen bewusst zu werden, was wir gerade tun.

Aber in der Tat, wenn wir im Buddhismus über Zeit sprechen, müssen wir uns an die Realität der Unbeständigkeit erinnern, die der Buddha gelehrt hat. Das ist eine der wesentlichen Lehren, auf denen der gesamte Dharma aufgebaut ist. Der Buddha hat drei Lehren hinterlassen, die als die «drei Siegel» bezeichnet werden. Sie durchdringen die Realität, so wie das Siegel das Wachs durchdringt. Es sind dies die Realität der Vergänglichkeit, die Realität der wechselseitigen Abhängigkeit und die Realität des Nirvāṇas. Letzteres ist vielleicht am schwersten zu verstehen und zu akzeptieren: die Realität, dass alles immer schon im Augenblick selbst vollendet ist.

Unbeständigkeit und wechselseitige Abhängigkeit sind die Grundlage für die zentrale Lehre Buddhas vom Nicht-Selbst. Wenn wir die Lehre über die Unbeständigkeit ignorieren, wird der ganze Dharma unverständlich.

Diese Realität ist so einfach, dass sie schon fast irritierend ist: Kein Augenblick gleicht dem nächsten. Das gesamte Universum konstruiert und dekonstruiert sich von Augenblick zu Augenblick, von jetzt zu jetzt. Das gesamte Universum erscheint und verschwindet von Augenblick zu Augenblick. Aber in dieser Realität der Veränderung ändern sich manche Dinge auf sichtbare Weise, andere wiederum scheinen gleich zu bleiben. Der Raum, in dem wir uns befinden, scheint derselbe zu sein wie vorhin, als ich hereinkam, während Sie Ihre Position und Ihren Gesichtsausdruck verändert haben, Ihre Gedanken nicht dieselben sind, meine Tasse Tee vorhin voller war usw. Wir neigen also dazu, zu denken, dass einige Dinge unbeständig seien und andere nicht oder weniger. Es ist eine Art optische Täuschung, eine Täuschung bezüglich unserer Wahrnehmungen. Wir befinden uns auch uns selbst betreffend in dieser Illusion. In der linearen Zeit sehe ich mich selbst als jemanden, der auf einem Seil geht und von einem Ende des Seils zum anderen dieselbe Person bleibt. Hier liegt das Hauptmissverständnis: Wir nehmen nicht wahr, dass jeder Schritt von einer anderen Person gemacht wird, die derjenigen, die den vorherigen Schritt gemacht hat, sehr ähnlich sieht, aber eine andere Person ist. Wir sind dann in Unkenntnis dessen, was wir sind: jemand, der sich von Augenblick zu Augenblick ändert. Die Vergänglichkeit um sich herum, bei den anderen zu sehen, ist relativ einfach, aber die Lehre des Buddha sagt uns, dass wir diese Vergänglichkeit bei uns selbst sehen müssen, was natürlich viel schwieriger ist.

Was Sie sagen, lässt mich an die Passage aus Meister Dōgens Shōbōgenzō Genjō Kōan denken, wo es um einen Mann an Bord eines Bootes geht, der das Gefühl hat, dass sich das Ufer bewegt, wenn er es ansieht, aber wenn er den Blick auf sein Boot richtet, wird im bewusst, dass er selbst es ist, der sich bewegt.

Ganz genau. Zur Zeit Meister Dōgens im 13. Jahrhundert gab es keine Züge. Aber das ist eine Erfahrung, die wir alle in einem Bahnhof machen können, bevor unser Zug losfährt. Wenn der Zug nebenan sich in Bewegung setzt, haben wir wirklich den Eindruck, dass es unser Zug ist, der losfährt. Wir unterliegen da einer Sinnestäuschung bezüglich Bewegung und Nichtbewegung. Wir verstehen nicht, dass alles sich gleichzeitig bewegt und dass dies nicht eine Frage von Nichtbewegung oder Bewegung ist, sondern dass das gesamte Universum sich immer bewegt.

Um zum zweiten Aspekt der Zeit zu kommen, dem des «Jetzt»: Wenn es während des Zazen erlebt wird, hat es keinen Anfang und kein Ende und scheint den Charakter der Ewigkeit zu haben. Verglichen mit der Vergänglichkeit erscheint es seltsam stabil, unveränderlich. Welches Verhältnis besteht zwischen diesen beiden Zeitwahrnehmungen?

Wenn dieses «Jetzt» in einer größeren Dimension und Breite erlebt wird, als wir es gewohnt sind, erscheint es uns tatsächlich unendlich, ohne Ende, und wir haben dann eine Art Vorstellung davon, was Ewigkeit sein könnte. Wenn wir uns in dieser Realität des «Jetzt» befinden, ohne Anfang und Ende, ohne Geburt und Tod, wird die Unbeständigkeit zu einem seltsamen Konzept. Die Unbeständigkeit drückt gut die Realität der gewöhnlichen Zeit aus, in der wir glauben, dass es Dinge gäbe, die andauern, ohne sich zu verändern, während andere sich bewegen. Es ist diese Diskrepanz, die ein Missverständnis hervorruft und uns dazu bringt, von Unbeständigkeit zu sprechen. Die Unbeständigkeit, auch wenn sie eine wichtige Lehre Buddhas ist, ist dennoch nur ein hilfreiches Mittel, um uns zu erwecken. Im vollendeten Moment des gegenwärtigen Augenblicks ergibt die Unbeständigkeit keinen Sinn mehr, denn da sich alles in jedem Augenblick bewegt ... bewegt sich nichts mehr!

Meister Dōgen wiederum lässt in einem Kapitel des Shōbōgenzō mit dem Titel «U-ji», «Sein-Zeit», das ein schwieriges Kapitel ist, beide Zeiten gleichzeitig wirken, die der Unbeständigkeit und die des Jetzt. Können sie gleichzeitig existieren?

Ja, in völliger Transparenz und Osmose. Es ist ein bisschen wie mit der Leere und den Phänomenen: Die Leere steht nicht neben den Phänomenen, der gegenwärtige Augenblick steht nicht neben der vergehenden Zeit. Die Zeit ist eine Erscheinung. Darüber hinaus basiert sie auf sehr konkreten Phänomenen, wie dem Wechsel von Tag und Nacht, den Jahreszeiten, den Bewegungen des Mondes ... Der Mensch hat diese Wechsel und Rhythmen beobachtet und sie in vierundzwanzig Stunden unterteilt, mit dem Gefühl, dass sie Zyklen bilden. Aber diese Festlegungen können sich ändern ... Für die Chinesen im zehnten Jahrhundert enthielt dieser Zyklus zwölf und nicht vierundzwanzig Abschnitte. Er kann dazu noch in Minuten, Sekunden, Mikrosekunden usw. zerlegt werden.

Im Buddhismus sprechen wir von Zeiteinheiten, von denen die größte der *kalpa* ist. Ein Bild gibt eine Vorstellung von der Dauer eines Kalpas: Das ist die Zeit, die es bräuchte, um einen rechteckigen Quader von je einem Kilometer Länge, Breite und Höhe mit Sesamsamen zu füllen, die von einem Vogel fallen gelassen werden, der einmal im Jahrhundert vorbeikommt und jeweils einen Samen fallen lässt! Wenn wir über Milliarden von Lichtjahren sprechen, befinden wir uns vielleicht in dieser Kategorie.

Das andere Extrem ist der *kṣaṇa*, von dem es heißt, er dauere eine Milliardstel Sekunde ... Es ist ein Geistesblitz. Ein Moment des Bewusstseins kann als ein Lichtstrahl bezeichnet werden. Wir befinden uns da in Größenordnungen der zeitgenössischen Wissenschaft. Wir können das unterteilen, wie wir wollen. Der Grundrhythmus bleibt der Sonnenzyklus, mit der Erde, die 365 Tage zur Umkreisung braucht. Wir teilen in

Jahre, Monate und Tage auf, und so kommt es zum menschlichen Kalender. Die Wahrheit all dieser zeitlichen Architektur widerspricht in keiner Weise der Erfahrung des gegenwärtigen Augenblicks.

Um noch einmal aus dem Shōbōgenzō Genjō Kōan zu zitieren: Das Bild vom Holzscheit und der Asche ist recht anschaulich: Meister Dōgen fordert uns auf, diese beiden Zustände nicht als Folge voneinander zu betrachten, sondern jeden als eine von der linearen Zeit unabhängige, eigenständige Realität. Unterscheidet sich diese Realität von der des Gesetzes von Ursachen und Wirkungen?

Das Gesetz von Ursachen und Wirkungen ist eine menschliche Sicht der Dinge. Wir sehen die Logik der Ursache, die eine Wirkung hervorruft. Aber im Moment der Wirkung ist die Wirkung vollständig die Wirkung. Im Moment der Ursache ist die Ursache vollständig die Ursache. Es ist unser Verstand, der vorausschaut, der experimentiert, der beobachtet, wie die Dinge geschehen, und daraus Schlussfolgerungen zieht. Es ist unser Verstand, der Verbindungen schafft und Beziehungen herstellt.

Aber in der Wirklichkeit, von der Meister Dōgen spricht, in der Wirklichkeit des «Jetzt», sind Ursache und Wirkung eins. Im Zen sagen wir es deutlich: Der Same und die Frucht sind eins. Praxis und Verwirklichung sind eins. Es gibt nicht die Vorstellung, dass diese Handlung zu jener Wirkung führen wird. Das ist eine Sichtweise unseres linearen Zeitbewusstseins, das die Dinge in einem Vorher, einem Während und einem Nachher sieht. Von Kindheit an gewöhnen wir uns an diese menschliche Zeitvorstellung, als ob sie eine absolute Wahrheit wäre. Ich glaube, soweit ich es überhaupt verstehen kann, wir finden diesen Unterschied in der Herangehensweise zwischen der seit Jahrhunderten gelehrten Physik, die auf der Beobachtung von Phänomenen beruht, und der Quantenphysik. In der Quantenphysik können wir die Wirklichkeit nicht beschreiben, wir können nur unsere Wahrnehmung der Wirklichkeit erfassen. Es liegt auf der Hand, dass diese beiden Ansätze sich unterscheiden.

Wir sehen den Zustand der Asche als die logische Folge des Zustandes des Holzscheits, aber Meister Dōgen sagt, dass dies nicht so sei. Wenn das Holzscheit Holzscheit ist, ist es nur Holzscheit. Wenn die Asche Asche ist, ist sie nur Asche. Sie kennt das Holzscheit nicht mehr. Wir befinden uns im «Jetzt», in der «*dharmischen Position*» der Dinge, wie sie im Augenblick sind.

Was für das Holzscheit gilt, gilt für unseren Körper-Geist hier und jetzt. Wir sind da, um diese Frage zu lösen: Was ist dieses Ding, das ich meinen Körper, meinen Geist nenne? Wenn wir uns aus diesen Erfahrungen heraus wahrnehmen, denn es sind Erfahrungen und keine Analysen, beginnen wir zu erkennen, was unsere wahre Natur ist.

Und dennoch erinnert Meister Hyakujō im 7. Jahrhundert in China daran: «Das erwachte Wesen ist nicht unwissend bezüglich des Gesetzes von Ursache und Wirkung.» Die beiden Realitäten schließen sich nicht gegenseitig aus, sondern koexistieren in der Erfahrung des gegenwärtigen Augenblicks.

Und auf der Grundlage dieser Erfahrung, die uns die Zazen-Praxis ermöglicht: Inwieweit verändert sich unser Leben?

Es ist nicht so, dass es sich verwandelt, es wird auf den Kopf gestellt! Wir sprachen vorhin von der gedachten Zeit, die reist und sich in die Zukunft versetzt, um das intellektuelle und rationale Denken zu organisieren und zu ermöglichen. Lassen Sie uns nun über das sprechen, was man als «Körperzeit» bezeichnen könnte. Während des Zazen kehren wir auf natürliche Weise zu dieser Körperzeit zurück, und wir bemerken etwas Grundlegendes: Alles, was wir unseren Körper nennen, das heißt, alle unsere physischen, physiologischen, wahrnehmenden und sogar emotionalen Funktionen, dieses ganze Zusammenspiel lebt nur, «arbeitet» nur im gegenwärtigen Augenblick. Unser schlagendes Herz, unser zirkulierendes Blut, unser ganzes Verdauungssystem, alle unsere Sinnesorgane, die Augen, das Gehör, alle unsere Emotionen sind das Jetzt, ganz eins mit dem Jetzt. Das Ohr nimmt den Klang von jetzt wahr, nicht den Klang von gerade eben, das Herz ist nie abwesend, zum Glück für uns, noch wartet es auf den Schlag von morgen.

Unser Körper ist das vollkommene und gelungenste Beispiel für das, was wir das «Jetzt» nennen. So erleben wir jedes Mal, wenn wir zum «Jetzt» des Körpers zurückkehren und das «Jetzt» des Geistes «loslassen», ein Erwachen. Vorsicht, es geht hier nicht darum, das eine dem anderen entgegensetzen zu wollen oder zu sagen, das eine sei besser als das andere. Sondern einfach nur, die mentale Zeit als Werkzeug zu nutzen und dieses Werkzeug wegzulegen, wenn es nicht nützlich ist. Wie Sie wissen, sind im Buddhismus und im Zen Körper und Geist nicht zwei getrennte Dinge, sondern in völliger Einheit. Wir sagen übrigens «Körper/Geist» und nicht «Körper und Geist». Wir müssen daher lernen, oder besser gesagt wieder lernen, uns in dieser «Körperzeit» zu verankern. Wir müssen die tiefe innere Gewohnheit erschaffen, die uns auf natürliche Weise zur Präsenz des Körpers zurückkehren lässt, ohne darüber nachdenken zu müssen.

Das ist es, was ein Zen-Praktizierender in seinem täglichen Leben zu tun beginnt. Er beginnt, zu dem zurückzukehren, was er tut, und nur zu dem, was er tut. Er bekommt wieder ein Bewusstsein für den gegenwärtigen Moment, so wie er ist. Er lässt sich nicht mehr hineinziehen in das Kommen und Gehen der gewöhnlichen Zeit, in seine Träume von der Vergangenheit, in seine Vorstellungen über die Zukunft, sein Bedauern, seine Erinnerungen, seine Erwartungen ... All die schwankenden Zustände, in denen wir bei dem, was wir tun oder was wir sind, nicht präsent sind. Die Praxis besteht darin, neue Reflexe, neue innere Dynamiken zu schaffen, um uns ins Jetzt zurückzubringen und es als das zu schätzen, was es ist. Das ist etwas ganz Konkretes, das uns einen Tag schätzen lässt, den wir ohne Praxis vielleicht als einen Tag ohne Augenblicke wirklicher Präsenz verbracht hätten.

Wenn wir zu Bett gehen, können wir uns fragen, wie oft am Tag wir wirklich gegenwärtig waren bei dem, was wir taten. Manchmal sind wir erstaunt, wie schwach die Bilanz ist.

Es wäre zwar eine radikale Veränderung, eine Revolution, und doch nur «Die Dinge, wie sie sind»?

Ganz genau. Die Wahrnehmung der linearen Zeit und die des gegenwärtigen Moments sind nie gegensätzlich, sie funktionieren zusammen. Daher hindert einen Praktizierenden nichts daran, über die Vergangenheit nachzudenken oder die Zukunft zu planen, wenn es notwendig ist. Wenn ich morgen nach Paris fahren und ein Hotelzimmer buchen muss, muss ich mich darum kümmern, aber ich tue es in diesem Jetzt. Ich kann an ein Ereignis in der Vergangenheit denken, aber ich lasse mich von der Vision der Vergangenheit nicht hypnotisieren. Ich weiß, dass ich mich mit dem Jetzt der Vergangenheit beschäftige und nicht mit der Vergangenheit als solcher. Die Vergangenheit als solche ist Vergangenheit ...

Nur dieses JETZT ist wahr!

6
Was kann man über das Erwachen sagen?
Ein Funke, der das Universum erhellt, das Licht des Wohlwollens

Die buddhistische Praxis beruht auf der Erfahrung des Erwachens. «Buddha» bedeutet «der Erwachte», «derjenige, der erwacht ist». Der Buddha hat diese Erfahrung gemacht und er ermutigt seine Schüler, sie auch zu verwirklichen. Kann man diese Erfahrung in Worte fassen?

Da dem Erwachen in der Tat ein zentraler Platz im Buddhismus, und ganz besonders im Zen, eingeräumt wird, ist es schwierig, zu diesem Thema nichts zu sagen. Aber es ist ein schwieriges Thema. Klären wir zu Beginn erst mal den semantischen Aspekt. Welches Wort der buddhistischen Tradition wird mit «Erwachen» übersetzt?

Dieses Wort, *bodhi* auf Sanskrit und Pāli, *bodai* auf Japanisch, muss man aus verschiedenen Blickwinkeln betrachten. Wenn man vom Erwachen des Buddha spricht, meint man normalerweise die «Nacht des Erwachens», als der Buddha seine Praxis vervollkommnete und *anokutara sanmyaku sanbodai* verwirklichte, was man mit «unübertreffliches Erwachen» übersetzt, das Erwachen in seinem vollkommenen Ausdruck. Man spricht sogar vom «Triumph» des Buddha, weil er Māra besiegte, den Herrn der Illusionen. Diese Erfahrung ist grundlegend, weil sich die Lehre um sie herum entwickelt hat, aber man muss sie in einem Zusammenhang sehen.

Wenn man das Leben Śākyamunis anschaut, dann sieht man, dass diese «Nacht des Erwachens» oder die «große Erleuchtung» das Ergebnis eines langen Prozesses war. Schon vor dieser Nacht war das ganze Leben Buddhas ein Ausdruck seines Erwachens. Als Śākyamuni sich entschied, seinen Palast und ein bequemes Leben zu verlassen, das ihm versprochen war, mit der vorgezeichneten Zukunft, als Prinz in der Nachfolge seines Vaters König zu werden, war dies bereits die Manifestation des Erwachens. Als er sich entschied, im Wald eine asketische Praxis zu leben, selbst wenn sie ihn fast umgebracht hätte, war auch das die Manifestation des Erwachens. Als er den mittleren Weg verstand, einen Weg der Mitte im Vergleich zu den vorhergehenden Exzessen, war auch das die Manifestation des Erwachens. Als er beschloss, sich unter den Bodhi-Baum zu setzen, war das bereits die Manifestation des Erwachens. Es ist also unmöglich, die Episode der Nacht des Erwachens aus der Gesamtheit des Lebens von Śākyamuni herauszulösen. In den Jākatas, den Erzählungen über das Leben Buddhas, wird er «Bodhisattva» genannt: das seit Urzeiten erwachte Wesen ... Das ist nochmals eine andere Dimension, in der man das Erwachen sehen kann: Durch seine Praxis hat der Buddha gezeigt, dass er immer schon erwacht war.

Kann man andererseits nicht sagen, dass es diese Nacht und diese Erfahrung waren, die im Rückblick seine ganze Existenz als ein Erwachen erscheinen lassen? Hätte der Buddha ohne diese Erfahrung irgendetwas Neues oder Revolutionäres zu lehren gehabt?

Es hätte wahrscheinlich das Leben des «Buddha» nicht gegeben, aber die Erfahrung dieses Mannes wäre dennoch real gewesen. Wenn wir die Erfahrung des Buddha auf unser eigenes Leben beziehen, dann ist es auch so, dass unser Leben von dieser Realität des Erwachens gelenkt gewesen sein wird, auch wenn wir selbst kein unübertreffliches Erwachen verwirklichen.

Aber was bedeutet das unübertreffliche Erwachen für uns? Ein Ziel, ein Bezugspunkt, ein Halt, ein Glaube an die Tatsache, dass der Buddha die ultimative Wahrheit berührt hat?

Es ist die lebendige Erfahrung des Nichtgetrenntseins von Selbst und Welt, der Einheit aller Dinge. Wenn wir uns in Zazen setzen, ist es diese Erfahrung, die wir machen, ohne dass es uns recht bewusst wird, ohne dass wir es in Worte fassen. Irgendwann tauchen wir in die nichtdualistische Wirklichkeit ein. In der Tradition des Sōtō-Zen haben wir einen viel pragmatischeren Zugang zum Erwachen. Eine der Grundlagen dieser Schule ist «*shushō ichinyo* –Die Praxis und das Erwachen sind eins». Dann wird das Erwachen nicht als Resultat oder als eine Frucht der Praxis gesehen, auch nicht als Vorgabe oder Ziel, das es zu erreichen gilt, sondern als eine Praxis, die unsere erwachte Natur bestätigt.

Jedes Mal, wenn wir uns hinsetzen, machen wir die Erfahrung des unübertrefflichen Erwachens?

Wie Sie wollen! Mein Meister Taisen Deshimaru sagte immer: «Wenn ihr in Zazen sitzt, in der schönen Haltung voller Würde und Frieden, seid ihr lebendige Buddhas.» Wollen Sie das glauben oder nicht? Das ist ein anderer Blickwinkel, vom dem aus wir *bodai*, das Erwachen, betrachten können. Die Erfahrung des Buddha ist über die Jahrhunderte hinweg natürlich idealisiert, glorifiziert und auf einen Sockel gestellt worden, auf eine Ebene, die kein Mensch je erreichen kann. Deshalb ist er der Buddha. Er ist das vollkommene Beispiel, der Führer, er ist unser Meister! Aber wir sollten nicht in eine Idealisierung des Erwachens verfallen, die daraus etwas dermaßen Abgehobenes macht, dass man es nie erreichen wird. Wir sollten im Gegenteil lieber einen Glauben entwickeln, der an unsere Erfahrung anknüpft, ganz gleich, wie ungeschickt und konfus er vielleicht ist, der uns Tag für Tag in Richtung der

Praxis treibt, also in das Verwirklichen des Erwachens, und nicht eine neue Ideologie daraus machen. Das ist eine Einsicht, die sich bei jedem Zazen verstärkt. Wir verwirklichen diese Sache aus der Erfahrung heraus, ohne dass wir sie bewusst formulieren, und das verstärkt unsere Entschlossenheit, weiterzumachen.

Der Begriff «Erwachen» impliziert, dass man vorher geschlafen hat, ahnungslos oder in der Illusion war. Worauf bezieht sich das Erwachen?

Im Mahāyāna-Buddhismus betrachtet man das Erwachen in zwei Dimensionen: *honkaku* und *shikaku.*

Der Begriff *hongaku* oder *honkaku,* beide Aussprachen sind möglich, hebt ab auf das ursprüngliche oder grundlegende Erwachen. Es gibt einen japanischen Ausdruck, den man übersetzen kann mit «Weisheit, die vorher erworben wurde». Das besagt, dass unsere Buddha-Natur angeboren sei. Das Erwachen ist gegenwärtig, das Nichtgetrenntsein, die wechselseitige Abhängigkeit aller Dinge, die Einheit. Diese Wirklichkeit existiert im Augenblick unserer Geburt, wenn wir aufwachsen, sie ist jetzt da, aber wir wissen es nicht, wir sehen sie nicht, vor allem nicht, weil wir im Lauf der Jahre ein persönliches Bewusstsein aufgebaut und verfestigt haben. Wir haben uns in eine Art Blase eingeschlossen, in der wir die Welt aus unserer Sicht wahrnehmen, vom «Ich» aus, aber sie ist etwas Produziertes. Wir haben vergessen, dass wir selbst sie produziert haben, glauben an sie und hängen ihr total an, bis wir sie für die einzige Wirklichkeit halten. *Honkaku* ist gegenwärtig, wer immer die Person und wie immer der Augenblick sei.

Genau dies erkennen und erfahren wir beim Erwachen – oder Wiedererwachen. *Shikaku,* das ist so, wie wenn man aus einem Traum erwacht: «Uff, das war nur ein Traum ...» *Shikaku* bedeutet «das Erwachen verwirklichen» oder «das

Erwachen, das beginnt, das sich manifestiert». Man könnte es so ausdrücken: «Die Weisheit, die sich danach verwirklicht». Es manifestiert sich in der Praxis des Zazen, der Erfahrung und dem Erforschen. Man praktiziert Zazen, man studiert die Texte, man hört den Unterweisungen zu und man beginnt, erste Erfahrungen mit der Realität dieser Praxis zu machen, mit der Unbeständigkeit, der wechselseitigen Abhängigkeit, den Konsequenzen unserer Handlungen, unserer Worte und unserer Gedanken, unserer Verantwortung für unser eigenes Leben. Man beginnt, die großen Lehren des Buddha zu begreifen. Man erlebt erste Erwachensmomente, Momente des Nichtgetrenntseins und der Einheit aller Dinge. Man macht diese Erfahrungen während des Zazen, aber auch außerhalb davon, in dem, was die alltägliche Praxis genannt wird.

Natürlich existieren diese beiden Wirklichkeiten zusammen: Die Momente des Erwachens «öffnen» das grundlegende Erwachen, von dem wir gerade gesprochen haben. Man erwacht und erkennt, was man wirklich ist. Das ist es, was der Buddha gelehrt hat: Wir sind nicht das, was wir zu sein glauben, wir leben in der Illusion, eine autonome und unabhängige Persönlichkeit zu sein, die aus sich selbst heraus existiert und von Moment zu Moment fortbesteht. Dieser Glaube schafft eine enorme Verwirrung in unserem Verständnis der Welt und der anderen.

Wenn Sie sagen: «Man beginnt zu erwachen», dann unterstellt das einen fortschreitenden Prozess im Hervorbringen des Erwachens: Man beginnt zu erwachen, man erwacht immer mehr ... Aber das Sōtō-Zen ist das augenblickliche Erwachen, ein Aufbrechen der Wahrheit unabhängig von vorangehenden Etappen. Wie steht es damit?

Es gibt beide Aspekte. Man hat die Besonderheiten des Chan in China, mit der «nördlichen» und der «südlichen»

Schule, sehr verzerrt dargestellt, auf der einen Seite das allmähliche und auf der anderen Seite das plötzliche Erwachen. Die berühmte Geschichte der Gedichte von Jinshū und Enō ist wohlbekannt, aber man sollte diese beiden Aspekte niemals gegeneinander ausspielen. Die Geschichte ist in der Hinsicht grundlegend für das Chan und das Zen, da sie aufzeigt, dass man nicht am Erwachen festhalten sollte als Folge einer Art Laufbahn, die den Stufen einer Treppe ähnelt, mit so etwas wie einer «Zertifizierung der Erreichung des Studienziels»

Enō hat gezeigt, dass das Erwachen unmittelbar geschieht, außerhalb der normalen Zeit, aber die beiden Aspekte müssen zusammen untersucht werden. Es ist wichtig, zu sehen, dass sich das Gedicht von Enō auf das von Jinshū stützt. Ein Aspekt unserer Praxis ist das Schrittweise und basiert auf der täglichen Wiederholung und Vertiefung, und gleichzeitig gibt es auch die Realität des Erwachens, die plötzlich aufschießt in einem Moment, wo man nicht drauf gefasst ist, und diese Erfahrung geht durch und durch. Beide Aspekte bereichern einander.

Wir müssen einen äußerst wichtigen Punkt ansprechen: Das Erwachen ist von jedem Einzelnen abhängig, es ist vollkommen subjektiv. Es ist nichts Absolutes. Wenn ich eine Erfahrung des Erwachens mache, mag sie jemandem, der diese Erfahrung schon seit Langem kennt, läppisch erscheinen. Es gibt keine Hierarchie des Erwachens. Was zählt, ist die Erfahrung der Person, die Dynamik, die sie für sie hervorbringt. So ist es zum Beispiel eine zentrale Erfahrung im Leben eines Menschen, zu verstehen, dass seine Gedanken nicht «ich» sind. Jemand, der diese Erfahrung nicht gemacht hat, kann sich gar nicht vorstellen, welche Konsequenzen ein Verstehen dieser Art mit sich bringt, und für den, der es vor langer Zeit verwirklicht hat, ist es einfach evident, fast eine Banalität. So baut sich Erwachen auf Erwachen auf, Erwachen zieht Erwachen nach sich, das ist ein heilsamer und dynamischer Prozess in der Praxis eines Menschen.

Das heißt also, dass es sich beim Erwachen um ein Erkennen und Erfahren von etwas extrem Einfachen handeln kann ... Vielleicht sind es gerade sehr einfache Dinge, die man im Erwachen erkennt, und die bis dahin verhüllt waren.

Genau. Ich benutze oft das Bild des Nebels. Stellen wir uns jemanden vor, der auf dem Gipfel eines Berges mit einem weiten Panorama geboren wurde und der lange Jahre vom Nebel eingehüllt war. Für ihn besteht die Wahrnehmung der Welt nur daraus, Wolken zu sehen. Die Welt ist ein Meer von Wolken. Eines Tages verflüchtigen sich die Wolken und er entdeckt aufs Neue die Landschaft seiner Kindheit, die er schon vergessen hatte: blauer Himmel, Sonne, andere Berge um ihn herum, die Bäume ... und der Nebel kehrt zurück.

Dieser Moment ist ein Moment des Erkennens und Erfahrens gewesen. Das Leben dieses Menschen ist in einem blitzartigen Moment total auf den Kopf gestellt worden. Jetzt gibt es ein Vorher und ein Nachher. Aus etymologischer Sicht ist das japanische Wort, das man gebraucht, um von dieser Erfahrung des Erwachens zu sprechen, das Wort *satori*, das sich vom Verb *satoru*, «erkennen», ableitet, das heißt, etwas wieder kennen, was man vergessen oder nicht mehr gesehen hatte. Wie eine Realität, die gänzlich unserem Bewusstsein entschwunden war.

Das Substantiv *satori*, das man mit «Erwachen» übersetzt, kann verschiedene Bedeutungen haben und sich auch auf verschiedene chinesische *kanji* (Schriftzeichen) beziehen. Das verweist auf die Komplexität bei der Übertragung einer solchen Erfahrung in Worte.

Das erste Kanji, das man in diesem Sinn verwendet, haben wir bereits in *honkaku* und *shikaku* kennengelernt, das grundlegende Erwachen und das plötzlich hervorbrechende Erwachen. *Kaku* 覚 bedeutet «aufwachen». Wie jemand, der träumt und sich im Moment des Aufwachens seines Traums bewusst wird.

Ist diese Erfahrung allen Zen-Praktizierenden gemeinsam?

Ja. Man muss aber sehen, von welchem Traum man spricht. Unser Geist verstrickt uns immerzu in Träumereien, in denen wir uns verlieren, und plötzlich kommt man in den gegenwärtigen Augenblick zurück und sagt sich, dass man weit weg war ... Jeder kennt diese Erfahrung. Wenn man aus der Träumerei herauskommt, sagt man sich: «Jetzt bin ich wieder in der Wirklichkeit.» Aber diese Wirklichkeit ist nur eine andere Form des Traums. Es geht darum, aus unserem Karma zu erwachen, aus den Gewissheiten, in die wir unser Leben eingezwängt haben, unser Wissen und sogar unsere Praxis, denn wir haben immer die Neigung, die Dinge in Grenzen einzuschließen, die es uns erlauben, sie gut zu kontrollieren, und das gilt natürlich auch für den Dharma. Wir sollten aus unserem Wachtraum aufwachen!

Sagt man deshalb im Zen oft, dass wir immer mehr Erwachen im Erwachen hervorbringen müssen?

Ja ... aber man sagt auch, dass wir vor allem die Tendenz haben, immer mehr Illusionen in den Illusionen hervorzubringen, Träume im Traum! Von welchem Bereich man auch spricht, die Grenzen sind nicht klar. Die Grenzen unseres Körpers sind nicht klar: Ist es die Haut, die Sinnesorgane, unser Bewusstsein, und in dem Fall: welches Bewusstsein? Was sind die Grenzen unserer Praxis? Ist es das Dōjō, wenn wir unsere Praxiskleidung tragen oder geht es darüber hinaus? Und ebenso wenig sind die Grenzen, in die wir das Erwachen eingeschlossen haben, klar. Welches sind die Grenzen des «Selbst»? Sie sind äußerst veränderlich. Also, das Erwachen aus seinem Traum ist auch nicht klar. Für einen Zen-Praktizierenden kann das Erwachen schnell die schlimmste aller Illusionen werden.

Man kann immer noch mehr erwachen … Vielleicht sind wir nie vollkommen erwacht. Wäre das eine zusätzliche Illusion, zu glauben, wir könnten vollkommen erwacht sein?

Dōgen schreibt im *Shōbōgenzō Genjō Kōan*: «Die gewöhnlichen Wesen machen sich Illusionen über ihr Erwachen, die erwachten Wesen sind sich ihrer Illusionen bewusst.» Nichts ist so geeignet wie das Erwachen, um sich Illusionen darüber zu machen, aber paradoxerweise kann man das Erwachen nur von seinen Illusionen aus praktizieren.

Ist das Erwachen etwas, was sich einmal vollzieht, und damit ist es gut, oder muss es immer wieder gepflegt werden, selbst wenn man ein Buddha ist?

Jemand hat mich kürzlich in einem *mondō* gefragt, ob der Buddha nach dem Erwachen noch ein Karma gehabt habe. Ich habe geantwortet: «Natürlich», denn er hatte einen Körper und ein Bewusstsein, er hatte noch Sinnesorgane, bestimmt noch Wünsche, einen Willen, er war immer noch in dieser Welt. Deshalb hat der Buddha mit seinen Schülern weiterpraktiziert bis zu seinem letzten Atemzug, nicht nur, um ihnen ein Beispiel zu geben, sondern er hat weiterpraktiziert, weil er eine erwachte Person war. Ein erwachtes Wesen ist nicht jemand, der die Praxis abgeschlossen hat, sondern der sein Erwachen im alltäglichen Leben zum Ausdruck bringt. Er lebt in jeder seiner Handlungen in der Einheit aller Dinge, und das muss in jedem Moment «aktualisiert» werden, das ist niemals «fertig».

Um zum Begriff *satori* zurückzukommen: Die zweite Bedeutung des Wortes korrespondiert mit dem Kanji *go* 悟 :

wissen, wo wir sind und wohin wir gehen. Wie ein Weg, der sich vor uns selbstverständlich auftut. Es gibt keine Zweifel mehr, wir folgen der natürlichen Ordnung der Dinge, wir akzeptieren, uns dem Leben anzuvertrauen, weil die Energie, die uns trägt, gesund und großzügig ist. Das ist der Geist der sechs *pāramitās* und der Gelübde des Bodhisattvas. Unser Weg ist klar: nicht schaden, wohlwollend sein und zum Wohl der Lebewesen handeln. Wir verwirklichen diese Gebote mitten im Alltag.

Das dritte Kanji in diesem Sinn ist *shō* 証 : die Erfahrung, die Überprüfung, der Beweis. Jedes Mal, wenn man erwacht, erlebt man den Beweis. Dieser Beweis nährt das Erwachen. Da sind wir wieder bei dem Satz von Meister Dōgen: «Man schafft immer mehr Erwachen im Erwachen.» Das Erwachen nährt sich vom Erwachen. Es gibt keine mächtigere Unterweisung als die Erfahrung. Das ist ein zentrale Aussage im Zen. Solang etwas nicht erfahren worden ist, bleibt es auf der Ebene einer Vorstellung: Man kann den Geschmack des Apfels nicht ermessen, wenn man ihn auf dem Teller betrachtet ...

Man sieht gut, dass diese drei Bedeutungen des Wortes *satori* sehr konkret sind, an ihnen ist nichts esoterisch, und sie sind nicht abgehoben. Sie sind kein Ziel an sich. Heute sind im Sōtō-Zen «Erwachen» oder «Satori» fast schon Tabuwörter geworden, man darf nicht davon sprechen, ohne in den Verdacht zu geraten, ein Ziel oder einen Geist zu haben, der nicht *mushotoku*, ohne Ziel, ist. Mir scheint das ein echtes Missverständnis zu sein, das vor allem auf einer Verkennung dessen beruht, was Satori ist. Satori muss praktiziert werden. Das Erwachen ist ohne Frage das, was unsere Welt heutzutage am meisten braucht. Die Welt hat einen vitalen Bedarf an erwachten Personen, die das Erwachen im Alltag pflegen und praktizieren.

Was ist dann letztendlich der Unterschied zwischen einer erwachten Person und einer, die es nicht ist?

Keiner, außer der Erfahrung. Die eine weiß es und die andere weiß es nicht. Es ist der Unterschied zwischen demjenigen, der im Nebel lebt, ohne es zu wissen, und dem, der weiß, dass es Nebel ist. Er weiß, dass noch etwas anderes existiert außer dem Nebel, weil er es erfahren hat. Es gibt heutzutage Riesenstädte, besonders in China, wo die Verschmutzung so groß ist, dass die ganze Stadt von einer sehr dichten rötlichen Smogwolke zugedeckt ist. Zehn- oder zwölfjährige Kinder haben dort noch nie einen blauen Himmel gesehen, oder den Mond, das Himmelsfirmament, noch nicht mal die Sonne ... Vielleicht haben sie davon reden hören, vielleicht auch nicht ... das ist erschreckend!

Der «unwissende» Mensch, in der buddhistischen Bedeutung des Begriffs, ist in etwa in der gleichen Situation. Das Wort *avidyā* im Sanskrit, *mumyō* im Japanischen, bedeutet «Nicht-Licht», Dunkelheit, also das Nicht-Kennen unserer wahren Natur. In diesem Fall handelt es sich um unser «geistiges Blätterdach», das das Universum verdunkelt ... und dazu führt, dass wir uns in uns selbst einschließen und immer mehr Illusionen in den Illusionen erzeugen.

Im Zen und besonders im Sōtō-Zen ist die Vorstellung vom «Erwachen ohne Spuren» wichtig, vom Erwachen «ohne Geruch». Es heißt: «Zieht keinen Geruch des Erwachens hinter euch her. Blendet die anderen nicht mit dem Licht eures Erwachens.» Ein Kōan sagt: «Wenn der Bodhisattva auf den Marktplatz geht, dreht er sein Licht runter.» Das bedeutet auf humorvolle Weise, dass das Erwachen nichts ist, was man zur Schau stellt oder anderen zu verkaufen versucht.

Ist das Erwachen denn immer bewusst?

Meister Deshimaru sagte immer: «Unbewusst, natürlich, automatisch». Das ist ein sehr großes Kōan. Einer der Ausdrücke, mit denen man Mönche und Nonnen benennt, ist *unsui*: «Wolke und Wasser». Die Wolke zieht vorbei, und wenn die Bedingungen danach sind, fällt der Regen ... die Wolke dreht sich niemals um.

Je weniger man nach dem Erwachen greift, desto besser. Auf jeden Fall handelt es sich keinesfalls um eine neue Art des bewussten oder intellektuellen Ergreifens, sondern vielmehr um eine direkte Erfahrung, die sich dem Aufgeben aller Formen des Ergreifens verdankt. Es ist aber trotzdem ein wirkliches Wissen.

Bemerkt man es durch die Reaktionen der anderen einem selbst gegenüber oder durch seine Handlungen, die sich unmerklich verändern? Wird einem so bewusst, dass etwas geschehen ist?

Die Auswirkungen unserer Handlungen sind zweifellos die besten Zeichen unserer Praxis, also unseres Erwachens. Wenn man aber Spuren hinterlässt, Unzufriedenheit, Ressentiments, Karma ganz allgemein, muss man aufpassen und sich sagen, dass etwas falsch läuft.

Unser Leben ist Ausdruck unserer Praxis. Selbst mit großer Erfahrung in der Meditation und der Praxis kann man schwierige Augenblicke erleben, Krankheiten und so weiter. Da stellt sich die Frage, wie wir mit diesen Momenten umgehen. Denn in diesen Momenten zeigt sich unsere Praxis. In den herausfordernden Momenten sieht man die Lebendigkeit des Erwachens.

Das Erwachen schafft die Schwierigkeiten, die Krankheiten, das Karma allgemein nicht ab?

Es schafft natürlich nicht unsere Lebenswirklichkeit ab, und die bedeutet geboren werden, leben, krank werden, sterben. Es stört mich immer, wenn man das Erwachen des Buddha zu sehr idealisiert. Persönlich hätte ich Buddha gerne zum Freund, das heißt, jemand, mit dem ich hätte zu Abend essen können, sprechen, lachen. Jemand, mit dem ich hätte praktizieren können. Im Buddhismus erhebt man den Buddha manchmal in solch faszinierende Höhen, dass er unerreichbar, fast unberührbar wird.

Das kann man verstehen, denn warum sollte man schließlich jemandem folgen, der ziemlich gewöhnlich war? Aber die Gefahr besteht, dass man sich nicht mehr mit ihm identifizieren kann, dass man sich sagt, dass der Buddha außerordentlich gewesen sei und wir nur elende menschliche Wesen seien. Das sind wir vielleicht ... aber der Buddha war auch nicht anders. Alle großen Meister aller Traditionen, denen wir in unserem Leben begegnen können, sind so: Sie haben ihre Fähigkeit gezeigt, das Erwachen hervorzubringen, so sehr, dass es die anderen einschloss. Buddha darf keine Art Gott werden. Buddha ist in unserer Welt. Buddha ist das Erwachen.

Wie manifestiert sich das Erwachen in Leben eines Zen-Praktizierenden?

In der Praxis des Mahāyāna konkretisiert sich das Erwachen in unserer Fähigkeit, anderen zu helfen, eine wohlwollende Liebe allen Wesen gegenüber zu entwickeln, nicht nur menschlichen Wesen gegenüber, und sie inmitten unseres täglichen Lebens zu verbreiten. Das Wohlwollen ist Ausdruck des Erwachens, in derselben Weise wie die Großherzigkeit, die Freude und das Mitgefühl.

Das Erwachen macht nicht kalt oder überlegen. Es führt nicht dazu, dass wir die Welt verlassen und uns in für die anderen unerreichbaren Universen verlieren. Während der sechzig Jahre seines Lehrens hat der Buddha weiterhin allen durch seine Botschaft der Friedfertigkeit und Gewaltlosigkeit geholfen. Alle Meister der Übertragung der buddhistischen Linien haben genauso gehandelt. Deshalb können wir heute unsererseits praktizieren.

Wäre das Erwachen ohne dieses Wohlwollen vorstellbar?
Das Wohlwollen ist die natürliche Frucht des Erwachens.

7
Wie kann man allen fühlenden Wesen helfen?

Indem wir sie von uns selbst befreien!

Wenn man in einem Kloster oder in einem Dōjō praktiziert, wird jeden Tag ein Sūtra rezitiert, in dem es heißt: «So zahlreich die fühlenden Wesen sein mögen, ich gelobe, sie alle zu retten.» Was bedeutet das?

Das ist das erste der vier großen Gelübde des Bodhisattvas, das folgendermaßen lautet: «So zahlreich die Wesen sein mögen, ich gelobe, sie alle zu retten», *shujō muhen seigando. Muhen* bedeutet «unzählig, ohne Zahl». Das ist einer der tiefgründigsten und subtilsten Punkte des Mahāyāna, des «Großen Fahrzeugs», auch Bodhisattva-Weg genannt. Was wir in unserer Praxis Mitgefühl oder universelle Liebe nennen, kann nur Ausdruck dessen sein, was wir die «große Weisheit» nennen. Erst wenn wir diese große Weisheit verwirklicht haben, werden wir auf natürliche Weise die universelle Liebe oder das Mitgefühl zum Ausdruck bringen. Wenn wir den Geist verstehen wollen, der das Mitgefühl beseelt, müssen wir also klären, was die große Weisheit ist.

Die große Weisheit, *Maka Hannya*, heißt, zu erwachen und die wechselseitigen Abhängigkeit aller Dinge und aller Wesen zu erkennen und zu erfahren. Kein einzelnes Wesen existiert unabhängig oder getrennt. Wir selbst existieren nur in wechselseitiger Abhängigkeit mit allen anderen Wesen. Selbst wenn jedes Wesen seine Besonderheiten, Äußerlichkeiten und Charaktereigenschaften hat, kann es nur in der

Einheit, in universeller Nicht-Trennung existieren. Nur in dieser Dimension kann ein solches Gelübde ausgesprochen werden.

Wenn Sie sagen: «Erwachen und die wechselseitige Abhängigkeit erkennen und erfahren», geht es nicht nur um Verstehen. Es ist ziemlich einfach zu verstehen, dass alle Wesen oder sogar alle Dinge wechselseitig abhängig sind ... Ist erwachen etwas anderes?

Ja, es ist viel mehr als nur ein intellektuelles Verständnis, es ist eine wirkliche spirituelle Erfahrung der Nicht-Dualität. Es ist die tiefe Erfahrung, die wir durch Zazen machen können, mit dem Körper-Geist, das heißt mit allem, was wir sind. Das ist die Erfahrung von *datsuraku*, dem Loslassen, dem Aufgeben des Körper-Geistes, jeder Trennung zwischen innen und außen ...

Und «retten» ... was bedeutet «retten» in dem Zusammenhang?

Manchmal werden auch andere Begriffe wie «befreien» oder «besänftigen» verwendet. Die Worte sind nicht festgelegt, wir müssen uns die Freiheit nehmen, die Worte zu wählen, die uns am meisten ansprechen. Das Wichtige ist, zu erkennen, was diese Worte bedeuten. Wenn wir über das Mitgefühl, die wohlwollende, liebende Energie sprechen, kommt mir ein Bild in den Sinn, das der Sonne. Wenn Kinder eine Sonne malen, zeichnen sie einen gelben Kreis, der von mehr oder weniger Strahlen umgeben ist. Die Sonne strahlt ihr Licht gleichermaßen überall hin, ohne Unterscheidung, ohne darüber nachzudenken, ob sie lieber diesen oder jenen Punkt beleuchten soll oder dieses Wesen, aber nicht das andere. Die Sonne beleuchtet alles. Sie hat eine natürliche Großzügigkeit, ohne Absicht, ohne Eigeninteresse. Das Licht der Sonne ist frei, es scheint überall hin, nichts kann es aufhalten. Mit dem Bodhisattva-Gelübde halten wir uns nicht für die Sonne, aber wir befinden uns in derselben Energie. Der Energie des Nicht-Wählens, der Absichtslosigkeit, der Nicht-Trennung.

Könnte man sagen, man strahlt, ohne es zu wollen?

Das stimmt. Unser Hauptproblem ist, unser eigenes Licht nicht zu verdecken. Es geht nicht darum, noch heller zu strahlen, sondern aufzuhören, es am Strahlen zu hindern. Wir sind auf natürliche Weise Lichtwesen.

Eines Tages hörte ich Meister Saikawa, Ihren Meister der Übertragung, in einer Unterweisung während des Zazen sagen, die Bodhisattva-Gelübde seien intellektuell schwer zu verstehen, aber man könne sie vom Zazen her verstehen.

Ja. Wenn wir über *Maka Hannya* sprechen, die große Weisheit, sprechen wir über das Erwachen, das wir während des Zazen erfahren. Wenn wir das Gelübde «Es gibt Milliarden von Wesen, ich gelobe, sie alle zu retten» wörtlich nehmen, dann ergibt das rein intellektuell betrachtet keinen Sinn. Wir stehen morgens auf und retten alle Wesen, die wir treffen ... das ist absurd. Wörtlich genommen ist es ein unerfüllbares Gelübde. Daher kann man sich die Frage stellen: Wozu ein Gelübde ablegen, das man nicht erfüllen kann? Es bedeutet, dass wir nicht versuchen sollten, dies mit der rationalen Denkweise, der Größe der Zahlen zu verstehen. Es ist ein irrationales Gelübde, von zutiefst spiritueller Natur. Es ist aus einer anderen Perspektive als der der herkömmlichen Wirklichkeit formuliert. Was bedeutet «retten», «befreien»? Der Bodhisattva ist kein Superheld, der die Menschen vor sich selbst rettet. Die meisten Menschen möchten übrigens gar nicht, dass man sie rettet, noch nicht mal, dass man ihnen hilft.

Sie sagen, dieses Gelübde werde in unserer realen Welt erst durch Zazen begreiflich. Wirkt es sich auch in unserer Welt aus?

Ja, es entsteht und wirkt in dieser Welt auf stille Weise, durch die Tatsache der gegenseitigen Abhängigkeit aller Dinge, der Einheit von allem.

Ohne konkrete Beispiele zu nennen, denn das wäre hier unangemessen oder unsinnig, glauben Sie, dass das Gelübde einen echten Einfluss hat, den wir messen könnten, wenn wir geeignete Instrumente dazu hätten?

Messbar? Wir sind hier im nicht Messbaren, und wenn wir jemals versuchen wollten, es zu messen, hieße es nur, es zu begrenzen. Wissenschaft, was auch immer ihr Fachgebiet ist, beginnt immer mit Messungen und Auswertungen. Aber was machen wir mit dem, was wir niemals werden messen können? Denken wir, dass es nicht existiere? Dass es keinen Wert habe?

Wenn ich jemanden in Zazen sitzen sehe, sage ich mir immer ganz einfach: Eine Person, die Zazen macht, wird wieder zu einem friedlichen Wesen. Sie schadet nicht mehr ihrer direkten Umgebung, sie ist eine Person, die zurückkehrt zur Einheit, in den Ozean des Friedens. Sie hört auf, andere zu stören, Dinge zu bewegen, Lärm zu machen, Karma zu schaffen. Sie bleibt bewegungslos, sitzend, wird wieder eine sympathische Person, die ein ruhiges Licht ausstrahlt. Das ist ganz offensichtlich. Man kann es selbst erleben, aber es liegt nicht im Bereich des Messbaren.

Setzt sich dieses Strahlen auch außerhalb von Zazen fort?

Wir werden trotzdem schnell wieder zu kleinen Naturkatastrophen. Wir steigen ins Auto, regen uns auf, reden, denken, bewerten ...

Selbst der Weise, selbst derjenige, der die Erfahrung der Großen Weisheit gemacht hat?

Natürlich. Wenn wir handeln, uns bewegen, sprechen und auch denken, müssen wir das mit viel Achtsamkeit, Wachsamkeit und Vorsicht tun. Es wird uns bewusst, dass mangelnde Aufmerksamkeit uns schnell zu gefährlichen Wesen werden lässt.

Eine etwas ungehörige Frage: Gilt das, was Sie gerade gesagt haben, auch für den Buddha?

Der Buddha ist kein Außerirdischer! Er ist vorbildlich in seiner Friedfertigkeit. Er macht die Dinge so präsent wie möglich, in der ganzen Dimension dessen, was wir wirklich sind. Nicht nur, wenn es darum geht, unseren Körper fortzubewegen, sondern auch im Hinblick auf die Worte (denn die Worte sind Handlungen), aber auch unser Bewusstsein, unsere Gedanken und Absichten, die uns antreiben ... Das ist grundlegend. Die Absicht geht der Handlung voraus und sie determiniert, was wir als Karma bezeichnen. Die Absicht, mit der wir handeln, ist ganz wesentlich.

Wir sind nicht wie die Sonne? Die Sonne scheint ohne Absicht, aber wir, können wir uns von unseren Absichten lösen?

Ja, glücklicherweise. Wir können unsere Absichten loslassen und einfach die Dinge tun, weil alles uns dazu auffordert. Reduzieren wir unsere persönlichen Absichten auf ein Minimum und lassen den gegenwärtigen Bedingungen so viel Raum wie möglich! Mit anderen Worten, es geht darum, aufzuhören, die Dinge zu denken, und vielmehr sich von ihnen «denken zu lassen», sich bewohnen zu lassen, sozusagen in der Einheit «gelebt» werden. Die meiste Zeit müssen wir eigentlich nicht so viel denken. Vielmehr sind es die Dinge, die uns denken, sowohl im spirituellen Bereich als auch bei den gewöhnlichsten Dingen. Wenn ich beispielsweise mit dem Auto in eine Kurve fahre, muss ich nicht denken, um zu wissen, dass ich am Lenkrad drehen muss. Es ist die Straße, die mich dazu auffordert, zu bremsen oder den Blinker zu setzen usw. Die meiste Zeit können wir uns also «denken lassen». Wir müssen nicht immer zu den Dingen eine Beziehung als denkende Wesen haben.

Das kann auch auf die anderen angewandt werden. Es ist nicht nötig, die anderen zu denken. Es ist nicht nötig, sie zu beurteilen, zu analysieren, zu vergleichen und zu bewerten. Wir können die anderen so nehmen, wie sie sind. Das verändert unsere Beziehung zu den anderen tiefgreifend: Wir lassen die anderen so sein, wie sie sind, ohne sie durch unsere Urteile und Vorurteile zu filtern.

Ein großer Zen-Text, das Shinjinmei, *beginnt mit den Worten: «Den Buddha-Weg zu, praktizieren ist nicht schwierig, wenn du nur frei bist von Zuneigung und Abneigung, von Auswählen und Ablehnen.»*

Ja, wir sind hier im Herzen der Zen-Praxis, der Praxis «ohne Absicht», ohne Bewertung.

Könnten wir so weit gehen und sagen: «ohne Moral»?

Es ist genau das Gegenteil! Wenn man sich in dieser befreienden Energie befindet, ist man auf natürliche Weise in dem, was man als «natürliches Wohlwollen» bezeichnen könnte, man tut nichts Schlechtes. Es ergibt keinerlei Sinn mehr, etwas Schlechtes zu tun. Das wäre, als würde man sich selbst verletzen oder schaden.

Wären unsere Handlungen dann auf «natürliche» Weise ethisch und nicht schädigend?

Ein Kapitel in Meister Dōgens *Shōbōgenzō* heißt «*Shoaku Makusa*», was wörtlich übersetzt «Tue nichts Schlechtes» bedeutet. Das ist die Grundlage des Buddhismus und der gesamten buddhistischen Ethik. Aber je mehr man praktiziert und die Wirklichkeit des «Nicht-Zwei» erkennt und erfährt, die Nicht-Trennung zwischen sich und der Welt, desto mehr wird diese Übersetzung zu: «Die schlechten Handlungen werden nicht getan» und sogar: «Unmöglich, Schlechtes zu tun.» Anderen zu schaden ergibt keinen Sinn mehr ... Nicht nur, dass die schlechten Handlungen nicht mehr gemacht werden, sondern auch die guten Handlungen werden selbstverständlich.

Wenn man in einem Kloster oder Dōjō praktiziert, legt man nicht nur Gelübde ab, man betet auch, für das Wohl aller Wesen, für die Befriedung aller Konflikte auf dieser Erde ... An wen oder was richten sich diese Gebete?

Der wichtigste Moment bei den Zeremonien im Zen ist die Widmung, *ekō* auf Japanisch. Das heißt, alles, was wir gerade gemacht haben, das Rezitieren von Sūtren, das Verbrennen von Räucherstäbchen, die Niederwerfungen, die Rezitation mit einer einzigen Stimme in der Einheit der Gemeinschaft, all diese Energie (wie sprechen hier weniger von «Verdiensten», weil das einen moralischen Charakter hätte), all die Energie, die wir geschaffen haben, die wir geteilt haben, behalten wir nicht für uns. Wir tun es nicht für uns selbst, das ergäbe keinen Sinn, denn das wäre die kleine Weisheit und nicht die große. Also bieten wir es Buddha an und bitten ihn demütig, es seinerseits zum Wohl aller Wesen, für den Frieden in dieser Welt zu verschenken ... Wir können das spirituelle Energie nennen, die Kraft des Gebetes oder die Kraft der Liebe, des Mitgefühls. Es ist nichts Magisches oder Übernatürliches, es ist schlicht nicht das, was man die «sichtbare Welt» nennt, aber wie wir wissen, gibt es so viele Dinge, die nicht «sichtbar» sind und doch sehr wohl existieren ...

Was bedeutet das Wort «Buddha» in diesem Fall?

Das ist natürlich nicht die Statue auf dem Altar oder der Buddha, der vor 2600 Jahren gelebt hat. Buddha ist hier die Unermesslichkeit der gegenwärtigen «Ursachen und Bedingungen», die endlose Verflechtung aller Dinge. Genau in dem Augenblick, in diesem Zustand des Kosmos, könnte man sagen, senden wir eine friedvolle Energie des Wohlwollens.

Das hat mindestens genauso viel Wirkung wie eine böswillige Energie, und heutzutage ist die Energie der Böswilligkeit sehr mächtig. Wenn zum Beispiel ein multinationales Unternehmen wegen kurzfristigen Profitstrebens oder sonstiger Hintergedanken, zum Beispiel einer höheren Firmenbewertung an der Börse, ohne echte wirtschaftliche Not einfach mal zehntausend oder fünfzehntausend Mitarbeiter entlässt, kann man das als eine böswillige Energie betrachten. Das sind Energien, die sich sofort auf tausende, ja sogar hunderttausende Menschen auswirken. Wir interpretieren das als schlechte Nachrichten oder als ein unabwendbares Schicksal, aber das sind wirklich Energien, die auf uns wirken, ob es uns gefällt oder nicht.

In gleicher Weise können wir sehr wohl erwarten, dass die wohlwollenden Energien sich verteilen, ausbreiten und mitteilen ... zum Glück!

Sie teilen sich mit, sie verbreiten sich, aber Sie haben gerade zu verstehen gegeben, dass sie zuerst an den Buddha geleitet werden ... Warum der Umweg über den Buddha?

Es ist ein Ausdruck unserer Demut: Wir senden nicht direkt an den Empfänger. Wir bleiben da, wo wir sind. Als

Mönche oder Nonnen kennen wir unseren Platz, wir nehmen niemals den Platz Buddhas ein.

Mit den multinationalen Unternehmen haben Sie ein konkretes Beispiel angeführt. Was ist der Platz eines Klosters, eines Dōjōs, eines Mönchs oder eine Nonne in der Stadt?

Ich sprach vorhin von der Sonne, die strahlt. Alle Orte der spirituellen Praxis haben eine reale Ausstrahlung. Man kann sagen, das sind Orte, wo wir durch die Praxis friedlich werden können und wo aber auch Menschen ein und aus gehen. Jeder wird, je nachdem, wie es ihm möglich ist, zu dieser kleinen Sonne, die ihre Strahlen überall hinschickt, wo sie willkommen ist.

Passen Zen-Praxis und gesellschaftliches Engagement zusammen?

Ja, natürlich, die Zen Praxis ist ein großes Engagement, aber sie ist kein aktives Engagement für eine bestimmte Sache. Außerdem schließt das eine das andere nicht aus. Man sollte sie nicht gegeneinander ausspielen. Man stellt mir oft die Frage: «Die Welt brennt, es gibt Kriege, Hungersnöte, unsägliches Leid, und Sie sitzen auf Ihrem *zafu*, als ob nichts sei … Was tun Sie, um den anderen wirklich zu helfen?» Für mich ist spirituelles Engagement allumfassend, nicht nur bezogen auf die zeitlosen und klösterlichen Aspekte. Einen Ort anzubieten, der Tausenden von Menschen die Möglichkeit gibt, innere Ruhe und Stabilität zurückzugewinnen, Tugenden wie Großzügigkeit und Wohlwollen wiederzuentdecken, ist ein echtes Engagement im Alltag, unabhängig von unseren Verantwortlichkeiten an einem solchen Ort.

Unsere Aufgabe besteht nämlich auch darin, uns zu transformieren, uns selbst zu verändern, uns zu verstehen, all unsere egoistischen und individualistischen Verhaltensweisen loszulassen, uns besser zu kennen und zu verstehen und Raum zu geben für das, was wir wirklich sind. In diesem Sinn ist es ein umfassender Einsatz, aber er hat nichts damit zu tun, andere verändern zu wollen, sie zu überzeugen oder willentlich zu beeinflussen. Wir lassen zu, dass sich die Menschen und die Dinge von selbst ändern.

Die Arbeit des Bodhisattvas ist so still und natürlich wie die des Lichts, aber das bedeutet nicht, dass sie nicht wirksam ist! Sie ist «wunderbar» wirksam!

Abgesehen von diesem stillen Einfluss, denken Sie, dass die Praktizierenden in der Gesellschaft sichtbar sein sollten, beispielsweise in den Medien?

Um auf unseren Ausgangspunkt zurückzukommen: Wir wissen nicht wirklich, was das Wort «retten» bedeutet, aber wir sind alle aus einem bestimmten Grund zur Zen-Praxis gekommen. Wir haben ein Plakat gesehen, das einen Vortrag ankündigte, jemand hat uns die Körperhaltung gezeigt, wir haben ein Buch gelesen, das unser Interesse geweckt hat, wir haben etwas im Internet oder im Fernsehen gesehen oder eine Radiosendung gehört ... Wir sind aufgrund irgendeiner Situation gekommen. Wir können es als Zufall betrachten, als eine gute Gelegenheit oder als Glücksfall ... Aber wir können es auch als Folge der unsichtbaren Arbeit der Bodhisattvas sehen, all dieser Energien, die ohne Absicht handeln. Wenn man im Wartezimmer ein Buch in die Hand nimmt, muss es zuvor geschrieben, herausgegeben und verbreitet worden sein ... Auch wenn wir nur wenige Sätze lesen, können sie unsere Existenz erschüttern. Sie sind das Ergebnis einer Vielzahl von Ursachen und Bedingungen. Wir können dieses glückliche Zusammentreffen als Ergebnis der Wechselwirkung einer Vielzahl von Bodhisattvas empfinden, die handeln oder gehandelt haben. Diese Dinge lassen sich nicht auf Öffentlichkeitsarbeit oder Werbung reduzieren. Der Bodhisattva geht überall hin, wo das Licht hindurchgehen kann.

Eine bekannte Zen-Redewendung lautet: 無礙光 *mu ge kō*. Meister Deshimaru mochte sie sehr. *Kō* bedeutet «Licht», *ge* «hindern» und *mu* «nicht». So wird sie übersetzt als: «Es ist unmöglich, das Licht aufzuhalten.» Wir befinden uns in dieser Wirklichkeit, wir können das Licht nicht verhindern. Das Licht gelangt genauso gut auf ein Plakat wie ins Internet, auf eine Facebook-Seite wie in ein gesprochenen Wort auf einer Party ... Solang es nicht in eine Art Bekehrungseifer oder persönlichen Bekehrungswillen ausufert, sollten wir diesen Schatz meiner Meinung nach sich überall verbreiten lassen.

Denken Sie, dass der Buddhismus im Allgemeinen und der Zen-Buddhismus im Besonderen sichtbarer sein sollten, oder dass das auf jeden Fall kommen wird?

Er ist es bereits. Im Moment haben wir eine Art Bedürfnis nach Luft zum Atmen, ein wachsendes Interesse an dem, was man Meditation nennt, auch wenn man alles Mögliche in dieses Wort hineinlegt. Ich glaube, dass all diese Formen der Meditation auch «geschickte Mittel» sind, um die Menschen in diesen Prozess zu bringen, der langwierig und voller Fallstricke sein kann. Aber nicht alle sind zur gleichen Zeit auf der gleichen Stufe, nicht alle haben die gleichen Anforderungen, die gleichen Bedürfnisse. Warum also nicht mit sehr einfachen, sehr grundlegenden Meditationsweisen beginnen? Sie werden es ermöglichen, sich in einem zweiten Schritt für etwas mehr «Tradiertes» zu interessieren, um vielleicht zur Praxis eines spirituellen Weges zu gelangen, der die Menschen seit Jahrhunderten, ja Jahrtausenden begleitet. Diese Wege sind keine konservativen und altmodischen «verstaubten Antiquitäten»! Sie haben ihre Fähigkeit bewiesen, sich zu erneuern und sich den Kulturen und Zeiten anzupassen, und ihrer Kreativität ist es zu verdanken, dass sie auch heute noch da sind, um auf die spirituellen Bedürfnisse der Menschen im einundzwanzigsten Jahrhundert zu antworten.

8
Welche ethischen Prinzipien leiten einen Zen-Praktizierenden?

In jedem Augenblick sich bemühen, wohltätig zu handeln und Schädliches zu vermeiden

Alle Religionen fordern ihre Anhänger dazu auf, bestimmte Verhaltensweisen zu befolgen. In manchen von ihnen spricht man von «Vorschriften». Gibt es im Buddhismus Anweisungen, die den Praktizierenden Orientierung für das Leben in der Gesellschaft geben?

Das, was man die buddhistische Ethik nennt, *śīla* auf Sanskrit, ist eine der drei grundlegenden Praktiken eines Buddhisten, gleich welcher Tradition er angehört. Die beiden anderen sind der Samādhi und die Prajñā (die Weisheit). Diese drei Praktiken sind der Ausdruck, die Frucht desselben Prinzips: des Erwachens, das heißt, einer erwachten Lebensführung. Es gibt kein Erwachen ohne ein erwachtes Verhalten.

Als der Buddha anfing zu unterweisen, tat er das mit den fünf Personen, die ihn während seiner Zeit der Askese begleitet hatten und die schon einen sehr hohen Grad an Spiritualität erreicht hatten. Da ihr Verhalten beispielhaft und tadellos war, sprach der Buddha nicht von Ethik oder Geboten. Aber sehr schnell gesellten sich viele Menschen unterschiedlichster Herkunft zu ihm und wurden Mönche oder Nonnen oder blieben Laien. Das Niveau der Bildung und des Bewusstseins war bei ihnen sehr unterschiedlich und das Verhalten des einen oder der anderen auch nicht immer angemessen. So musste der Buddha von Tag zu Tag Regeln aufstellen, die sich konkret auf Versäumnisse oder Fehler bezogen, die er in der täglichen Praxis bemerkt hatte. Wenn ein Mönch zum Beispiel einen Wutausbruch hatte oder sich gegenüber einer Frau ungebührlich benahm, sagte er: «Ein Mönch soll sich nicht so verhalten», oder: «Dieses soll man nicht tun.» Auf diese Weise wurden die Lehren Jahr für Jahr überliefert und angereichert. Die Gesamtheit der Regeln ist nach und nach als *Vinaya* zu einem der «drei Körbe» des *Tripitaka* geworden. Die beiden anderen Körbe enthalten die Sūtren und die Kommentare zu den Sūtren. Die Gebote wurden zunächst mündlich und später schriftlich von Meister zu Schüler übertragen und vor allem im Zen zu einem der Hauptelemente der Weitergabe.

Sie sprechen von Geboten und nicht von Vorschriften.

Das Sanskritwort *śīla* wird übersetzt mit «Tugend, Disziplin, gutes Betragen oder Gebote». Historisch gesehen ist dieser Verhaltenskodex also keine göttliche Anweisung oder die Frucht einer Offenbarung. Śīla ist die erwachte und verantwortungsvolle Haltung einer Person, die sich der Folgen ihrer Handlungen, Worte und Gedanken bewusst ist. Der japanische Ausdruck, der im Zen gebraucht wird, ist *kai*, was man mit «Verbot» im Sinn von «nicht tun», aber auch im Sinn von «schützen» übersetzen kann. Wir werden das noch später sehen, aber diese Doppeldeutigkeit offenbart die ganze Tiefe der immensen Tugend, die die Gebote darstellen.

Wenn die Gebote Fehlern der Praktizierenden der großen Buddha-Gemeinschaft entsprechen, muss es sehr viele davon geben! Weiß man etwas über ihre Anzahl?

Gemäß den Traditionen, die sich auf den Vinaya beziehen, müssen die Mönche über zweihundert und die Nonnen über dreihundert Gebote befolgen. Der Unterschied erklärt sich aus den besonderen Verhältnissen, mit denen Frauen konfrontiert sind, und nicht etwa aus häufigeren ungebührlichen Verhaltensweisen als bei den Männern. Außerdem kommt er auch von den kulturellen Vorurteilen der Vergangenheit.

Decken die zahlreichen Gebote alle Einzelheiten des täglichen Lebens ab?

Ja, im Vinaya sind die Gebote in mehrere Kategorien eingeteilt. Hier kann man besonders auf die «*pārājika*-Vergehen» verweisen, die sehr schweren Vergehen entsprechen, wie Töten, Stehlen, das Gebot der Keuschheit verletzen oder große spirituelle Vervollkommnung vortäuschen. Diese Vergehen ziehen den lebenslangen Ausschluss aus dem Saṅgha nach sich und auch die Aberkennung der Ordination als Mönch oder Nonne. Andere Gebote betreffen andere große Lebensregeln, wie bezüglich Wut oder Geiz, aber auch alle alltäglichen Verhaltensweisen, gleich, ob man mit Ordenspersonen, Laien oder allein lebt. Sie betreffen die Beziehungen zu anderen, die Art, wie man sich verhält, wie man sich kleidet, wie man isst und sogar, wie man lehrt. Ein großer Teil ist den Beziehungen zum anderen Geschlecht gewidmet und all dem, was man tun oder lassen soll.

Ein Gebot zu verletzten, zieht einen Tadel oder eine Buße nach sich, entsprechend der Schwere des Fehlers. Wenn man die lange Liste der Gebote liest, ist man überrascht von der Genauigkeit der Situationsbeschreibungen, der Fälle, in denen der Fehler wegen Demenz oder Krankheit unberücksichtigt bleibt, und der Rechtsprechungskommentare, die im Lauf der Jahrhunderte hinzugefügt worden sind.

Der Ausgangspunkt ist ein anderer als in der Bibel, wo es nur zehn Gebote gibt. Folgt man auch heute noch den Hunderten von Vorschriften?

Alle Traditionen, die weiterhin dem Vinaya folgen, der bei der Ordination weitergegeben wird, befolgen alle diese Gebote.

Für die Mönche und Nonnen dieser Traditionen ist das Einhalten der Gebote das Herz ihrer Praxis, da dies eine völlige Aufmerksamkeit in allen Situationen des täglichen Lebens erfordert. Es erfordert in jedem Moment eine echte Präsenz.

Gibt es Traditionen, die nicht dem Vinaya folgen?

Ja, insbesondere die mahāyānistischen Traditionen in Japan wie Tendai und Zen. Das ist ein schönes Beispiel für die Fähigkeit zur Entwicklung und Anpassung der buddhistischen Traditionen. Ich versuche mal, diese Veränderungen in wenigen Worten zusammenzufassen.

Die Tradition des Tendai in China und dann in Japan hat die «Bodhisattva-Gebote» angenommen, die zehn größere und achtundvierzig sogenannte «sekundäre» Gebote umfassen. Sie hat sich dabei auf ein mahāyānistisches Sūtra gestützt, das von Kumārajīva im fünften Jahrhundert übersetzt worden ist, das *Bonmōkyō*. Meister Dōgen hat seine Praxis in der Tendai-Tradition begonnen und dort im Alter von dreizehn Jahren die Mönchsordination empfangen. Als er 1223 nach China reiste, wurde er im Hafen aufgehalten und musste mehrere Tage auf dem Schiff bleiben. Da er nicht die Vinaya-Gebote erhalten hatte, wurde er nicht als Mönch gemäß den chinesischen Regeln der Zeit anerkannt. Dōgen bat um eine Ausnahmeregelung und erklärte, warum er in seiner Tradition eine gültige Ordination besaß. Der Gouverneur folgte seinen Argumenten und erteilte Dōgen die Genehmigung, einzureisen und sich in chinesischen Klöstern aufzuhalten. Bei seiner Rückkehr nach Japan 1227 setzte er, mit dem Einverständnis seines chinesischen Meisters Nyojō-Zenji, die Bodhisattva-Gebote als Regeln der japanischen Sōtō-Schule in Kraft und schrieb das *Kyōjukaimon*, das ihre Bedeutung und Reichweite erklärt. Sein Meister Nyojō-Zenji hatte seinerseits wie alle Mönche der *caodong*-Tradition (chinesisch für Sōtō) dieser Epoche die Vinaya-

Gebote erhalten. Dōgen behielt davon nur die zehn Hauptgebote des *Bonmōkyō*, fügte aber noch die «drei reinen Gebote» und die «Zufluchtnahme zu den drei Schätzen» hinzu, sodass es alles in allem sechzehn Gebote sind.

Die Gebote sind natürlich äußerst komplex und subtil. Sie machen den Unterschied der Herangehensweisen der Theravāda-Traditionen und des Māhāyana-Zen deutlich, bewahren aber dieselben Quellen und Werte.

Wie wir gesehen haben, leiten sich die Vinaya-Gebote vom täglichen Leben ab und erläutern, was man tun und was man lassen soll. Sie sind als Weg zum Erwachen, zur Verwirklichung der Buddha-Natur und zur Befreiung in diesem Leben gedacht. Übrigens richten sie sich nur an Mönche und Nonnen, während die Laien Gebote haben, die denen des Zen ähneln. In dieser Tradition haben Laien kaum Möglichkeiten, sich im gegenwärtigen Leben zu befreien, versuchen aber über gute Taten Verdienste anzuhäufen, um bei einer künftigen Wiedergeburt günstigere Bedingungen zu erlangen.

Was die Gebote für den Bodhisattva anbelangt, so sind sie Ausdruck der Einheit von Zazen, der Ethik beziehungsweise den *kai* und der Weisheit *hannya*, der Weisheit des Buddhas. Man kann sagen, dass man den Geboten nicht folgt, um Buddha zu werden, sondern dass die Gebote praktiziert werden, weil man wie ein Buddha praktiziert. Diese sechzehn Gebote sind dieselben für einen Zuflucht nehmenden Laien wie für einen Mönch oder eine Nonne bei der Ordination. Es sind auch dieselben, die man während der Zeremonie der Weitergabe des Dharmas, dem *denpō*, erneuert, bei welcher der Meister die Bodhisattva-Gebote seinem Schüler übergibt. Einer der großen Schüler Buddhas, der Laie Vimalakīrti, hat die Dimension der Bodhisattva-Gebote aufgezeigt sowie seine Fähigkeit, zu Lebzeiten zu erwachen.

Welche sind die Gebote?

Die sechzehn Bodhisattva-Gebote sind folgende:

Die «Zufluchtnahme zu den drei Schätzen»: Buddha, Dharma und Saṅgha.

Dann die drei «Reinen Gebote»: vermeiden, Böses zu tun oder zu schaden, Gutes tun oder segensreich handeln, sowie immer zum Nutzen aller lebenden Wesen handeln.

Die zehn «Hauptgebote»: nicht töten, nicht stehlen, nicht lügen, kein Leid durch sexuelle Begierde verursachen, keinen Alkohol verkaufen und/oder sich berauschen, die Irrtümer oder Fehler anderer nicht verbreiten, nicht sich selbst loben und/oder andere diffamieren, es nicht an spiritueller oder materieller Großzügigkeit fehlen lassen, nicht in Wut geraten, und schließlich nicht die drei Schätze kritisieren: Buddha, Dharma und Saṅgha.

Der Grundgedanke ist in den drei Reinen Geboten zusammengefasst, die auf sehr einfache Weise die Haltung des Bodhisattvas ausdrücken. Er fasst eine grundlegende Lehre Buddhas zusammen, die man wie einen Abzählreim für Kinder aufsagen könnte:

Tu alles, damit nichts Böses erscheint,
und wenn es erscheint, beruhige es schnell!
Tu alles, um Gutes hervorzubringen,
und wenn es hervorgebracht ist, entwickle es weiter!

Es ist ganz einfach das, was alle Eltern sich aufrichtig bemühen, ihren Kindern beizubringen. Als ich jung war, habe ich eine Geschichte gelesen, die mich sehr beeindruckt hat und die ich auch heute noch wertvoll finde. Sie dreht sich um einen Zen-Meister, der die Eigenart hatte, Zazen auf einem Baum zu praktizieren, wohl wegen der wilden Tiere. Man nannte ihn aus diesem Grund «Vogelnest». Sein Ruf verbreitete sich, und eines Tages nahm ein Minister des Kaisers eine lange Reise auf sich, um ihn zu besuchen. Er stellte sich vor dem Meister auf dem Baum auf und fragte ihn, was die Essenz des Buddhismus sei, eine Frage, die oft einem Meister gestellt wird, um seine Unterweisung zu erhalten. Der Meister antwortete ihm: «Nichts Schlechtes tun, Gutes tun, das ist die Essenz des Buddhismus.» Der Minister reagierte verärgert und sagte: «Ihr haltet mich für einen Idioten. Ich habe eine lange Reise zu Pferd hinter mir, um Euch zu sehen, und Ihr sagt mir etwas, was ein Kind von fünf Jahren verstehen könnte!» Der Meister antwortete ihm: «Das ist wahr, ein Kind von fünf Jahren kann es verstehen, aber selbst für einen alten Mann von neunzig Jahren ist es immer noch schwer zu praktizieren.» Da warf sich der Minister vor dem Meister nieder. Ich glaube, dass diese Unterweisung uns alle betrifft: Man versteht, dass es besser ist, Gutes zu tun als Böses, aber es bis zum Ende unserer Tage zu praktizieren, ist das Schwerste überhaupt.

Es ist auch schwierig zu verstehen, denn welche Definition von Gut und Böse hat man im Zen, falls man überhaupt eine hat?

Sie haben Recht, man spricht lieber von «segensreich» und «schädlich» statt von «gut» und «böse» als vermeintlich festen und endgültigen Werten. Die Begriffe, die im Pāli gebraucht werden, sind *kuśala* mit der Bedeutung «gesund, günstig, segensreich» und *akuśala*, «ungesund, ungünstig, schädlich» oder «bösartig».

Die Konzepte von «gut» und «böse» sind nicht so unveränderlich, wie man sie gerne hätte. Etwas, was uns gut erscheint, hat nicht unbedingt segensreiche Wirkungen, und umgekehrt können sich auch Dinge, die uns schlecht erscheinen, verwandeln. Es ist die Folge, das Ergebnis, was darüber entscheidet, ob es «gut» war oder nicht. Meister Deshimaru lehrte uns, nie den sehr elastischen und vorläufigen Aspekt einer Situation zu vergessen. Er sagte uns: «Don't forget, bad becomes good!» Und das Umgekehrte ist genauso wahr.

In dem Augenblick, in dem ein Praktizierender handelt oder spricht, kennt er die Ergebnisse seines Handelns nicht. Was leitet ihn dann?

Im Zen besteht eine enge Beziehung zwischen Zazen, Ethik und Erwachen. Das ethische Verhalten ist eine unmittelbare Frucht des Erwachens des Praktizierenden. Seine Haltung ist nicht das Ergebnis einer vorherigen moralischen Überlegung oder einer Bezugnahme auf Verhaltensregeln, sondern das direkte Resultat einer erwachten Praxis, einer Gegenwärtigkeit im Augenblick. Die Richtigkeit einer Handlung ist abhängig von den Umständen. Zudem ist das Leben zu schnell, die Handlungen, die Worte, natürlich auch die Gedanken. Sie folgen einander mit einer solchen Geschwindigkeit, dass wir meistens keine intellektuelle Analyse der Situation vornehmen können.

Kann man von intuitivem Wissen sprechen?

Es gibt kein «Vorab-Wissen» des gegenwärtigen Augenblicks. Es geht mehr um ein spontanes Verhalten, das sich aus der Freiheit einer erwachten Praxis ergibt, mit einem wohlwollenden Bemühen als Hintergrund, um kein Leid zu verursachen. Das kann nicht nur ein bloß intuitives Verhalten sein, sondern das Ergebnis eines klaren Bewusstseins der Situation und einer Reaktion, die an den gegenwärtigen Augenblick angepasst ist. Das heißt, das, was man Intuition nennt, ist nicht eine Art «magische Fähigkeit». Sie ist meistens einfach das Ergebnis unserer Aufmerksamkeit und Gegenwärtigkeit in der augenblicklichen Situation.

Könnte man sagen, dass der Praktizierende, dank seiner Erfahrung des Erwachens, nach und nach Verhaltensweisen, die Komplikationen oder ungesunde Situationen hervorbringen, durch andere Gewohnheiten ersetzt, die ihm in die richtige Richtung zu gehen scheinen?

Es geht nicht darum, Gewohnheiten durch andere Gewohnheiten zu ersetzen. In diesem Bereich funktionieren die Kochrezepte nicht. Um es anders auszudrücken: Es ist die Umwälzung unserer Selbstwahrnehmung, unsere tiefgehende Erfahrung der Wechselbeziehung und der Nicht-Dualität während des Zazen, die der Ursprung der tiefgehenden Veränderungen in unserem Karma der Gewohnheiten sind. Ich spreche hier von Verhaltensweisen egoistischer und individualistischer Natur, die uns in den Vordergrund rücken und zuallererst auf die Befriedigung unserer eigenen Wünsche abzuzielen. Alle diese Verhaltensweisen drücken nur unser tiefes Unwissen aus und haben nichts Uneigennütziges. Das Erwachen und das Erkennen des egoistischen Charakters dieser Verhaltensweisen führt Schritt für Schritt dazu, dass sie sich verändern. Im Zentrum unserer Handlungen stehen dann nicht mehr die persönlichen Interessen, sondern die Nicht-Trennung der Lebewesen, und das ist etwas ganz anderes. Man stellt die Perspektive auf den Kopf.

Dann wäre das das Kriterium: Handelt man für sein eigenes Wohl oder in selbstloser Weise?

Das ist zweifellos eines der Kennzeichen einer «erwachten» Handlung. Selbstlos, großzügig, altruistisch ... egal, wie man es ausdrückt. Auf jeden Fall ohne Suche nach persönlichem Wohl oder Profit.

Wenn letztlich das ethische Verhalten direkt von der Erfahrung des Erwachens hervorgerufen wird, könnte man dann nicht ohne die von der Tradition überlieferten Gebote auskommen?

Nein, weil das «Empfangen der Gebote» in unserer Tradition der Anfang der Praxis ist, gleichzeitig aber auch ein Zeichen dafür, dass das Erwachen schon präsent ist. Man macht Zazen, man spürt, dass diese Praxis unserem tiefsten Trachten entspricht, man möchte weitermachen, vertiefen, und man bittet darum, die Bodhisattva-Gebote zu empfangen. In dem Moment, in dem man diesen Schritt macht, sind die ethischen Regeln vor allem Anweisungen, die man verspricht zu achten und zu schützen. Die Anweisungen sind immer negativ ausgedrückt: nicht töten, nicht stehlen und so weiter, nicht ..., nicht ... Es sind Verbote, es ist «verboten, zu ...». In dem Maß, in dem wir erwachen und die Konsequenzen unserer Handlungen erkennen und erfahren, integrieren sie sich immer mehr in unsere Praxis. Nach und nach sind es keine «Verfügungen» mehr im Sinn von Verboten, sondern «Verfügungen» im Sinn von Schutz. Die Gebote selbst beschützen unser Leben, unsere Praxis, unser Bewusstsein, und darüber hinaus beschützen sie «das Leben». Man erkennt ganz konkret, dass das Befolgen der Gebote nur Vorteile mit sich bringt und ganz natürlich unsere Existenz und unsere Beziehungen zu den anderen friedlich macht. Am Anfang lässt man sich von den Geboten helfen, aber die Gebote verändern nach und nach ihren Charakter: Man geht von «nicht töten» über zu «sich um das Leben kümmern», von «nicht stehlen» zu «großzügig sein», etc. Die negative Formulierung verwandelt sich in segensreiche Handlungen. Wie alle religiösen Menschen wissen: «Nichts Böses tun» ist gut, aber es ist nicht ausreichend.

Wir werden uns immer mehr der Auswirkungen unserer Handlungen bewusst, und dadurch auch unserer Verantwortung.

Zweifellos werden wir uns zunächst immer klarer und schneller der Absichten bewusst, die unseren Handlungen vorausgehen. «Warum tue ich das? Warum wiederhole ich immer wieder die gleichen Verhaltensweisen, obwohl ich weiß, dass sie negative Folgen haben?»

Wäre das nicht der Moment, um über Karma zu sprechen?

Das Wort *karma* im Sanskrit bedeutet «Handlung». Es ist weder das Davor, die Absicht, noch das Danach, das bereits die Wirkung der Handlung ist, sondern Absicht und Wirkung sind auch Karma: Die Handlung ist die Wirkung der Absicht und wird die Quelle für eine neue Wirkung. Das ist mit einer solchen Geschwindigkeit miteinander verkettet, dass man Ursache und Wirkung nicht mehr trennen kann. Die Ursache kennt die Wirkung nicht und umgekehrt. Wir sagen daher, dass Ursache und Wirkung eins sind.

Im Westen wird das Wort oft wie eine Art Fatalität interpretiert: «Das ist dein Karma ...», oder als Schicksal: «Du hast ein gutes Karma ...», ja sogar als Vorherbestimmtheit: «Ich kann nichts dafür, das ist mein Karma ...» Der Buddha hat tiefgründige Unterweisungen zum Gesetz von Ursache und Wirkung und zur «Kette des bedingten Entstehens» gegeben. Diese großen universellen Gesetze haben nichts mit Fatalität oder einer Art bösem Geschick zu tun, das uns bei unserer Geburt zugeteilt wurde. Ganz im Gegenteil, der Buddha hat gelehrt, wie wir diese teuflische Verkettung der gleichen Ursachen, die immer die gleichen Wirkungen erzeugen, den Saṃsāra, sprengen können. Dazu gehören insbesondere die Gebote und ihre praktische Umsetzung.

Man vergleicht oft die Handlung mit einem Samenkorn und die Folge mit einer Frucht. Man pflanzt den ganzen Tag

Samenkörner und entsprechend erntet man die Früchte. Manchmal sind sie süß und wohlschmeckend, aber allzu oft sind sie sauer und ungenießbar! Das, was man im Allgemeinen das «Glück» und das «Unglück» nennt, als ob das Ganze nicht vor allem von unserem eigenen Verhalten abhinge.

Ein heutzutage sehr geläufiger Ausdruck steht im Mittelpunkt der Karma-Thematik, die «Bewusstwerdung». Solang eine Person, eine Gruppe von Menschen, aber auch, in größerem Rahmen, eine Nation, ein Kontinent oder sogar die ganze Menschheit sich dieser oder jener Sache nicht bewusst geworden sind, verändert sich nichts und entwickelt sich nichts: Die losgetretenen Prozesse gehen weiter, und es ist unmöglich, eine solche Energie aufzuhalten. Wir sehen es heute beim übermäßigen Konsum, der Gewalt gegen Tiere, dem Klimawandel infolge der menschlichen Verhaltensweisen. Zu Lebzeiten Meister Deshimarus, in den Siebzigern des letzten Jahrhunderts, waren wir Zeugen des irren atomaren Wettrüstens zwischen den USA und der UdSSR. Meister Deshimaru benutzte sehr oft dieses Beispiel, um von der Gier und dem schrecklichen Karma zu sprechen, das sich damals verbreitete.

Den einzelnen Menschen kann man ohne jede Ironie als eine «Naturkatastrophe» bezeichnen, und dennoch ... Dennoch hat er diese Fähigkeit der Bewusstwerdung und der inneren Umkehr, die ihn zu einem einzigartigen Geschöpf machen. Aber heute, mit fast acht Milliarden «kleiner Naturkatastrophen», die nur nach ihrem Kopf leben, wird es mehr als dringend, alle diese Prozesse zu beenden und das einzuführen, was man die «dharmischen Viren» nennen könnte. Die Gebote sind dafür phantastische Beispiele.

Ein Zen-Spruch lautet: «Jemand, der die Gebote nicht erhalten hat, kann die Gebote nicht verletzen.» Die Gebote als ethische Lehren empfangen und annehmen ist eine Selbstverpflichtung. Sich der Absichten und Folgen unserer Handlungen bewusst zu werden, ist bereits eine immense spirituelle Transformation. Wenn man in der Energie des Karmas ist, und besonders in der «schlechten», das heißt im «egoistischen» Karma, ist man so darin verstrickt, dass man es meistens nicht sieht. Beginnen, es zu sehen, ist bereits ein Anzeichen des Erwachens.

Während der Feier des Empfangens der Gebote fragt der Meister drei Mal mit lauter Stimme: «Werdet ihr dieses Gebot beschützen, ja oder nein?» Und jeder antwortet voller Entschlossenheit: «Ich werde es beschützen!» Man verpflichtet sich tiefgründig, es zu achten, und wenn es vorkommt, dass man es nicht achtet, «weiß» man es.

Im Westen treten die Menschen, die die Gebote erhalten, nicht unbedingt in ein Zen-Kloster ein, sondern die meisten führen ihr Leben in ihrem bisherigen sozialen Umfeld weiter. Gibt es Empfehlungen für ihr Verhalten in der Gesellschaft?

Die allermeisten Menschen, die in Frankreich und Europa die Gebote erhalten, ziehen ein Leben im Kloster gar nicht in Betracht. Und niemand verlangt das von ihnen. Die meisten führen ihr Leben «wie zuvor» weiter, setzen aber die Praxis ins Zentrum ihrer Aktivitäten. Das lässt uns nachdenken über das, was wir die Existenzbedingungen nennen, und wenn unser Beruf oder unsere Gewohnheiten dazu führen, dass wir im Alltag die Gebote verletzen, dann sollten wir die notwendigen Veränderungen angehen. Ich erinnere mich an den Fall einer Tierärztin, deren Haupttätigkeit darin bestand, Tiere einzuschläfern. Als sie die Entscheidung traf, Nonne zu werden, wurde ihr das unerträglich, und sie wusste nicht mehr, was sie machen sollte. Sie hat dann eine Ausbildung zur homöopathischen Tierärztin und Akupunkteurin gemacht, und seitdem blüht sie in ihrer Arbeit auf, weil sie die Tage damit verbringt, das Leben der Tiere zu erleichtern – aber damit sie leben können.

Jeden Tag Zazen praktizieren und so gut es geht den sechzehn Geboten des Bodhisattvas folgen. Es gibt keine weiteren Richtlinien, aber es ist nicht so einfach, sie in die Praxis umzusetzen. Unser Leben muss den Geboten so gut wie möglich entsprechen.

Ermöglicht ein Kloster wie das Ryūmon-ji, in dem wir uns gerade befinden, den Praktizierenden, ihr Verhalten zu ändern? Erfüllt es eine Art «soziale Funktion»?

Ich bin davon überzeugt, dass es eine sehr wichtige soziale Funktion hat. Und dass, allgemeiner gesagt, alle spirituellen Orte, die zu einer Rückkehr zur Stille inspirieren, zum Friedlichwerden und zur Achtsamkeit heute mehr denn je von vitaler Bedeutung für unsere Gesellschaft sind. Insbesondere, um den Menschen zu ermöglichen, an einen Ort zu kommen, der die Bodhisattva-Gebote atmet, seien sie nun Buddhisten und Zen-Anhänger oder nicht. Wie in allen Klöstern des Sōtō-Zen sind auch im Ryūmon-ji die Praxis des Zazen und die Gebote unsere Verhaltensregeln. Diejenigen, die hierher kommen, können die Gebote vom Zazen aus ergründen, aber auch ihre segensreichen Wirkungen feststellen: eine wohlwollende Haltung, ein rechtes Wort, eine rechte Geste. Die Bedeutung von «nicht lügen», «nicht stehlen», «keine Lebewesen töten». All diese Regeln sind das Herzstück unserer Praxis.

Kann man das Kloster mit einer kleinen Gesellschaft vergleichen, in der die Wirkungen einer Geste oder eines Wortes sich fast in Echtzeit erfahren lassen?

Ja, die Wirkungen erfährt man sehr schnell. Durch die Nähe der Menschen können ganz unscheinbare Handlungen schnell ziemlich große Folgen haben. Ein unangemessenes Wort, eine Handlung, die nicht zu Ende geführt wird, haben sehr schnell sichtbare Ergebnisse, die eine Disharmonie erzeugen.

Nehmen die Mönche und Nonnen auch Laien auf und leben von morgens bis abends mit ihnen zusammen?

Das ist vollkommen Teil ihrer Praxis. Im Übrigen werden alle Aktivitäten gemeinsam unternommen und sind für alle gleich.

Was ist der Hauptunterschied zwischen Mönchen, Nonnen und Laien, die alle die gleichen Gebote erhalten haben?

Über die Erneuerung der Gebote hinaus beinhaltet die Ordination zum Mönch oder zur Nonne, dass sie sich verpflichten, mit einem Meister zu praktizieren und ihm zu folgen, was für die ordinierten Laien nicht der Fall ist. Die Worte «Mönch» und «Nonne» mögen etwas verwirrend sein, weil sie sofort im christlichen Sinn entsprechend unserer monotheistischen Religion interpretiert werden.

In China und Japan gebraucht man das Wort *shukke*, «der, der sein Haus verlassen hat», im Sinn von «Aufgeben aller familiären und gesellschaftlichen Verpflichtungen». Im Gegensatz zu den meisten buddhistischen Traditionen, wo die Mönche und Nonnen keiner Arbeit oder Tätigkeit in der Gesellschaft nachgehen dürfen und von den Gaben der Laien leben müssen, haben das Chan und das Zen seit dem 7. Jahrhundert in China eine ganz andere Ausrichtung genommen. Die ersten großen Zen-Klöster etablierten sich und lebten praktisch autark: Die Klosterangehörigen arbeiteten für den Unterhalt und die Versorgung des Klosters: Konstruktion der Gebäude, Gärten, Felder, Verantwortlichkeiten für alle Aufgaben, alles wurde von Mönchen und Nonnen übernommen. Diese Tradition ging auf Japan über, und das *samu*, die Aktivitäten oder Dienste, die man für die Gemeinschaft leistet, ist eine Praxis geworden, die denselben Stellenwert wie Zazen oder die Zeremonien hat. Der Dienst an der Gemeinschaft ist eine spirituelle Praxis wie alle anderen. Im Fall finanzieller oder materieller

Schwierigkeiten ist es in Japan üblich, dass die Äbte der Tempel nebenbei arbeiten, zum Beispiel als Lehrer oder Leiter eines Kindergartens.

Außerdem hat der japanische Kaiser am Ende des 19. Jahrhunderts den Sōtō-Mönchen die Erlaubnis gegeben zu heiraten und Familien zu gründen. Die Gründe hierfür waren zunächst materieller Art und ermöglichten es, dass die Tempel von den Vätern auf die Söhne übertragen wurden. Böse Zungen behaupten, dass damit langfristig die Sōtō-Schule zugunsten der Rinzai-Schule und des Shintōismus geschwächt werden sollte ... Es ist vielleicht zu früh, um zu entscheiden, ob dieses Ziel erreicht wurde, aber damals ahnte man sicher nicht, welche Folgen die Entscheidung achtzig Jahre später haben würde – für Europa. Für die Europäer, die sich zu Beginn der Siebzigerjahre dem Zen zuwandten und zu denen auch ich gehörte, war diese intensive religiöse Praxis, bei der man weder auf seinen Partner und seine Familie, noch auf seine beruflichen Pläne verzichten musste, ganz bestimmt für zahlreiche Personen entscheidend. Das hat sicherlich bedeutend zu der sehr raschen Entwicklung des Sōtō-Zen im Westen beigetragen.

Kehren wir zurück zu dem Wort «Mönch», das sicherlich bei manchen Verwirrung stiften kann. Bekanntlich kommt das Wort aus dem Griechischen und bedeutet ursprünglich «einsam» oder «allein». Obgleich wir in einer Gemeinschaft leben und der «Saṅgha» einer der Drei Schätze darstellt, ist uns diese «tiefe Einsamkeit» in unserer Praxis sehr bewusst und keinesfalls ein Hindernis oder ein Mangel an was auch immer. Meister Deshimaru lehrte uns: «Ihr müsst lernen, von ganz allein aufrecht zu stehen.» Ein Zen-Sprichwort besagt: «Der wahre Mensch geht allein ...» Die Gebote sind keine Krücken oder Stützen und auch keine schriftlich fixierte Methode, der man buchstabengetreu zu folgen hätte. Mit der heutigen Entwicklung der Technologien in allen Lebensbereichen bräuchte es eine hundertfach größere Anzahl an Geboten als zu Buddhas Zeiten. In manchen buddhistischen Gemeinschaften dürfen die Mönche oder Nonnen nicht allein im Internet surfen. Sie müssen zumindest zu zweit sein, um die Risiken der Versuchung zu vermeiden. Das scheint mir keine gute Erziehung zu sein ... Wir müssen lernen, allein zu handeln, lernen, Fehler zu machen, lernen zu verstehen, dass es Fehler sind und lernen, sie nicht mehr zu begehen. Wir müssen unser Engagement als Mönch oder Nonne aus dem Herzen dieser Einsamkeit heraus ergründen und leben.

Sie haben mehrfach das Gebot «nicht töten», «zum Wohl aller Lebewesen handeln», als Beispiel angeführt. Dieses Verbot müssen wir nicht hinsichtlich der Menschen kommentieren, es versteht sich im Rahmen einer religiösen Praxis von selbst. In welchem Maß betrifft es auch andere Formen des Lebens? Ich denke da besonders an die Diskussion um Tierethik. Ist ein Praktizierender auch Vegetarier und setzt er sich für den vegetarischen Lebensstil ein?

Bei dieser Frage gibt es keine dogmatische Antwort. Jeder trifft seine eigenen Entscheidungen. Das heißt auch, wenn man in der Vergangenheit solche Fragen leicht beiseitedrängen konnte, hat das Wissen um das Leiden der Tiere und unsere immense Verantwortungslosigkeit im Hinblick auf das Leben der Tiere einen sehr starken Einfluss auf unsere Praxis. Wir hier sind fast alle Vegetarier. Da wir Bewohner haben, die es nicht sind, machen wir alle vierzehn Tage eine Mahlzeit mit Fisch oder Fleisch, das wir bei einem kleinen Bio-Produzenten aus der Umgebung kaufen. Jedenfalls sollte ein Zen-Praktizierender nicht direkt an einem Vorgang beteiligt sein, der zur Beendigung des Lebens eines Lebewesens führt. Er geht nicht auf den Markt, sucht sich ein lebendes Huhn aus und bittet den Verkäufer, es für ihn zu töten. Aber wenn man eingeladen wird und das Gericht Fleisch enthält, kann man es essen, und sei es nur aus Achtung vor dem so angebotenen Leben, denn man hat es sich nicht ausgesucht.

Übrigens haben auch die Mönche, die für ihre Nahrung gebettelt haben, traditionell das gegessen, was ihnen angeboten wurde, ohne zu wählen.

Ja, aber in den Ländern, in denen die Ordensleute von Almosen und Gaben leben, spenden die Laien im Allgemeinen keine tierische Nahrung, weil die «Schale Buddhas» diese Art von Nahrung nicht aufnehmen soll. Unsere Welt braucht einen Bewusstseinswandel und Vorbilder, und ein Ort wie ein buddhistisches Kloster sollte stellvertretend für ein harmonisches und nicht zerstörerisches Leben sein. Wenn die Menschen ihn verlassen, haben sie sich bestimmte Verhaltensweisen bewusst gemacht wie die, keine Lebewesen zu töten, besonders unter den Bedingungen, wie das heutzutage geschieht. In dieser Debatte gibt es eine Beobachtung, die jeder macht oder machen kann, und die all unsere Aufmerksamkeit auf sich ziehen sollte: Kein Tier möchte sterben und jedes zeigt es ohne jeden Zweifel ...

Führen wir diese Überlegungen noch weiter und beziehen die Lebewesen und Dinge mit ein und stellen die Frage nach dem globalen ökologischen Gewissen. Papst Franziskus hat kürzlich eine Enzyklika veröffentlicht, in der er klar Position bezieht für das Handeln gegen Verschmutzung und Klimaerwärmung. Ich denke, dass ein Buddhist das unterzeichnen könnte. Sind die Buddhisten präsent im Kampf gegen die Vernichtung des Planeten?

Auf der COP 21, der Klimakonferenz in Paris, haben die wichtigsten Repräsentanten der großen buddhistischen Schulen eine Erklärung veröffentlicht. Sie ist Ausdruck dieses Bewusstseinswandels und betont die unmittelbare Verantwortung des menschlichen Handelns für die aktuellen Veränderungen. Aber unsere Haltung zu diesen Themen ist schon seit mehr als zwanzig Jahren klar. Sie kommt in der ganzen Lehre Buddhas zum Ausdruck. Ein Schlüsselkonzept der buddhistischen Pädagogik ist die wechselseitige Abhängigkeit aller Wesen. Ein Buddhist kann nicht die Haltung haben, dass die Natur ein Garten sei, dessen sich der Mensch nach Belieben bedienen kann. Wir sind «eins» mit der Natur, in Harmonie mit ihr. Ein Buddhist weiß, dass wir uns selbst zerstören, wenn wir was auch immer zerstören. Wenn ich einem anderen Wesen Schmerz zufüge, füge ich mir selbst Schmerzen zu. Dieses Wissen ist also seit 2600 Jahren vorhanden. Auch wenn die Buddhisten in diesem Bereich nicht ohne Fehl sind, beruht das buddhistische Verhalten auf der Gewaltlosigkeit und dem Nicht-Schaden: den anderen nicht schaden, den Dingen nicht schaden, der Natur, ganz allgemein nicht schädlich sein.

Dennoch geht es nicht um Ökologie, auch wenn es viele Gemeinsamkeiten gibt. Zum Beispiel ist das Sprechen von der Natur als unserer «Umwelt» bereits Quelle der Trennung und damit einer Verwirrung, ebenso das Erschaffen von «Ökosystemen». Das ist ein bisschen so, wie wenn wir vom menschlichen Körper als einer «Addition von Systemen» sprechen: das Nervensystem, das Verdauungssystem, das Blutsystem ... Das ist praktisch und zu einem bestimmten Grad bestimmt nützlich, aber das sind Betrachtungsweisen, die gravierende Konsequenzen für unsere eigene Gesundheit haben. Körper und Geist sind ein Ganzes, die als ein Ganzes funktionieren, Körper und Geist funktionieren mit der «Natur», mit der Gesamtheit.

Ist der Lebensstil eines buddhistischen Praktizierenden an sich schon genügsam?

Ich würde sagen, eher einfach als genügsam. Auf jeden Fall vereinfacht Zen unser Dasein. Man beginnt all das zu schätzen, was einem bereits gegeben wird, man muss nichts kaufen oder anderswo suchen als im gegenwärtigen Moment. Das bringt eine tiefe Wertschätzung und ein Gefühl großer Dankbarkeit mit sich. Alles, was uns in jedem Augenblick gegeben wird – das ist einfach unglaublich!

Je mehr wir bei den Dingen und den Lebewesen präsent sind, desto weniger erleben wir das Gefühl von Mangel oder latenter Unzufriedenheit. Es ist meine Abwesenheit von der Welt, die das Gefühl von Mangel in mir selbst nach sich zieht. Man lernt täglich dazu, weil man sich immer mehr seiner eigenen Mängel bewusst wird.

In allen buddhistischen Traditionen gibt es eine monatlich oder alle zwei Monate stattfindende Praxis, die auf Pāli *uposatha* und auf Japanisch *san'ge* heißt. Man übersetzt es im Allgemeinen mit «Bereuen» oder «Reue», im Sinn von «Sinnesänderung», das heißt, erkennen und zur Vernunft zurückkehren. Man vergegenwärtigt sich dabei alle Abweichungen von den Geboten und alles Fehlverhalten, aber vor allem unsere tiefe Demut in Bezug auf die Unvollständigkeit unserer Praxis und unseres Erwachens. Es gibt dabei aber weder ein Wecken von Schuldgefühlen noch eine Strafe. Das Verstehen seiner Fehler ist die Buße.

Da geht es natürlich um die großen und offensichtlichen Fehler, die uns klar sind. Aber im Sōtō-Zen sprechen wir auch von den *shozai muryō*, der Vielzahl kleiner «Funktionsschwächen», die man unmöglich auflisten könnte, die sich aber ständig in unseren Alltag einschleichen: eine deplatzierte Geste, ein verletzendes Wort, ein spöttischer Gedanke oder eine unnötige Boshaftigkeit. Alle diese kleinen Dinge, ohne wirkliche

Absicht, jemandem zu schaden, getan aus Unachtsamkeit oder Nachlässigkeit, die aber bei den anderen negative Gefühle oder Schwingungen auslösen ... und die karmische Folgen haben. Sich dieser Vielzahl kleiner Fehler bewusst werden und auf sie achten. Ja, der Raum für Weiterentwicklung ist beeindruckend weit!

Bewirkt die Achtsamkeit, die man diesen winzigen Verfehlungen entgegenbringt, eine Änderung in uns?

Ja, gerade in den kleinen Details wird die Veränderung in unserem Verhalten am sichtbarsten, weil bekannterweise der Teufel im Detail steckt. Im Zen sagt man, dass es wichtiger sei, etwas Kleines zu verstehen, aber auf tiefe Weise, mit dem Körper, als große Prinzipien, die auf einer intellektuellen Ebene bleiben. Es ist wichtig, all seine Verfehlungen zu erkennen, ohne Schuldgefühle. Man erkennt sie und legt sie ab: «Ich erkenne, dass ich es getan habe, und ich tue das Nötige, um es nicht wieder zu machen.»

Das ist vielleicht wirksamer als die großen Vorsätze, von denen man nicht immer weiß, wie man sie in die Praxis umsetzen soll. Es handelt sich mehr darum, kleine Gewohnheiten zu ändern und sich so nach und nach in der Tiefe zu verändern?

Damit ist man im Herzen der Zen-Praxis, wo sich das Erwachen und gleichzeitig auch die Ethik in den täglichen Handlungen manifestieren. Erwachen und Ethik sind absolut untrennbar. Die Praxis des Erwachens durch die Meditation und die Ethik sind ein und dieselbe Sache. In einem großen Sūtra, dem *Bonmōkyō*, heißt es: «Wenn ihr wirklich bereuen wollt, setzt euch in Zazen.»

Das erwachte Wesen ist also eines, das sich auf spontane Weise ethisch verhält?

Das erwachte Wesen schafft kein Leid. So wie ein Apfelbaum keine Birnen hervorbringt, bewirkt das erwachte Wesen kein Übel. Aber das erwachte Wesen fährt fort, die Reue zu praktizieren, weil es weiß, dass es trotz allem irren kann.

Selbst der Buddha?

Der Buddha praktizierte die Reuezeremonie am Anfang und in der Mitte jedes Mondmonats, umgeben von seinen Mönchen und Nonnen …

9
Was sieht man im «kostbaren Samādhi-Spiegel»?
Nichts wirklich Interessantes

Um über den Samādhi zu sprechen, verwenden die großen Zen-Meister oft das Bild eines Spiegels. Was steckt hinter diesem Bild?

Schauen wir uns zuerst noch einmal an, was mit dem Begriff *samādhi* bezeichnet wird. Ins Deutsche wird er meistens mit «Sammlung, Kontemplation, Konzentration des Geistes oder Achtsamkeit» übersetzt. Möglich wäre auch «tiefe Stabilität». Es handelt sich dabei nicht um eine Art Stillstand, Rückzug oder Distanzierung. Im Gegenteil, damit ist eine Stabilität in der Bewegung gemeint, eine paradoxe Stabilität, in der der Mensch sich ganz und gar der Bewegung der Welt anvertraut, mit ihrer unaufhörlichen Bewegung untrennbar verschmilzt. Der Geist verweilt bei nichts mehr, weil in unserer Welt nichts stillsteht, nichts stagniert.

Die Beschaffenheit des Universums können wir mit einem großen Feuer vergleichen, dessen Flammen unaufhörlich tanzen und züngeln. Stellen wir uns ein winziges Insekt vor, so federleicht, dass es sich überall niederlassen kann, auf einem Blatt, einem Wassertropfen, selbst auf einem anderen Insekt, so leicht, dass es von einem zarten Lufthauch davongetragen wird. Der einzige Ort, wo sich die winzige Fliege niemals niederlassen kann, sind die Flammen dieses großen Feuers. Dort kann es sich nirgends hinsetzen oder aufhalten. Dasselbe gilt für unseren Geist, der in einen Zustand kommt, wo er sich nirgends mehr niederlassen kann, wo er nichts mehr festhalten, nicht mehr stagnieren kann. In diesem Samādhi werden die drei Elemente des Übungswegs, Samādhi, Śīla und Prajñā, das heißt, Zazen, die Ethik und die Weisheit, vollkommen verwirklicht.

Mit dem Bild des Spiegels illustriert man einen wichtigen Aspekt dessen, was man den Samādhi des Zazen nennen kann: nur das erscheinen lassen, was gegenwärtig ist. Eine Metapher, die gut die Haltung unseres Bewusstseins beschreibt, die wir während des Zazen haben sollten. Die Funktion eines Spiegels besteht darin, das widerzuspiegeln, was sich direkt vor ihm befindet. Man benutzt diese Analogie, weil der Spiegel nicht auswählt, nicht vergleicht, nicht beurteilt, und vor allem macht er keine Kommentare.

Die wichtigsten Unterweisungen zu Zazen für jeden Sōtō-Zen-Praktizierenden stammen aus dem *Fukanzazengi*, geschrieben von Meister Dōgen im Jahr 1242. Er wurde zu diesem Text größtenteils durch einen chinesischen Lehrtext über Shikantaza inspiriert, das *Zuòchán yí*, dessen Entstehungsdatum im Dunkeln liegt, aber wahrscheinlich gegen Ende des ersten Jahrtausends zu verorten ist, und der sich wiederum auf indische Sūtren bezieht. In diesem Referenztext beschreibt Meister Dōgen äußerst genau die Zazen-Haltung, die Art, wie man sie einnimmt, und die Bedingungen, unter denen man die Sitzmeditation üben sollte. Ein sehr wertvoller Abschnitt beschäftigt sich mit dem «Zustand des Geistes» während des Zazen. Im Wesentlichen lauten die Anleitungen hierzu: «Gebt alles intellektuelle Verstehen auf, lasst das Denken sein, das auf Worten und der Sprache beruht. Denkt nicht in Begriffen wie ‹gut› und ‹schlecht›, ‹richtig› und ‹falsch›. Bezieht nicht Stellung, urteilt nicht, stellt keine Vergleiche an, wählt nicht aus. Greift nicht ein in die natürliche Aktivität des Geistes. Strebt nicht nach Heiligkeit.»

Bei meiner ersten Begegnung mit dem Text in der Anfangszeit meiner Praxis war ich über die fast durchgehend negativen Formulierungen erstaunt. Wenn man uns etwas beibringt, heißt es im Allgemeinen: «Tu dies, tu das.» Hier sagt uns Meister Dōgen zu: «HÖRT AUF!» Hört auf mit dem rationalen, dualistischen Denken, hört auf damit, Dinge zu beurteilen, auszuwählen, zu vergleichen. Hört auf, euch einzumischen und alles zu kommentieren ... Hört auf, etwas oder jemand werden zu wollen, ein Heiliger oder ein Buddha. Im Grunde lautet die Botschaft schlicht: «Hört auf mit all dem, was ihr dauernd tut!» Zazen bedeutet nicht, *etwas zu tun*, und Zazen-Praktizierende wissen auch, dass es nicht bedeutet, *nichts zu tun*. Zwischen Tun und Nicht-Tun liegt der unendliche, grenzenlose Raum des Seins: *sein*, einfach nur sein. Man kann also nicht sagen, der Spiegel *mache* etwas, aber man kann auch nicht sagen, er *mache* nichts. Der Spiegel ist vollständig präsent, aber er ist still.

Es ist also die Abwesenheit von Kommentaren, die dieses Bewusstsein ausmacht? Besteht seine Aufgabe darin, die Phänomene widerzuspiegeln?

Eigentlich wäre es genauer, von Bewusstsein im Plural zu sprechen, denn, wie wir in einem früheren Gespräch schon gesehen haben, spricht man im Mahāyāna-Buddhismus von acht oder sogar neun Bewusstseinsarten. Die sechs ersten stehen in direkter Verbindung mit den entsprechenden Sinnesorganen: das Sehbewusstsein mit den Augen, das Hörbewusstsein mit den Ohren usw. Der Geist steht in Verbindung mit allen geistigen Objekten, das sind insbesondere Gedanken, Emotionen, alle möglichen geistigen Bilder, Vorstellungen. Diese sechs Arten des Bewusstseins spiegeln jedes auftauchende Phänomen wider, völlig unvoreingenommen, ohne eine Auswahl zu treffen, ohne Vorurteil und Kommentar, auf dieselbe Art und

Weise, wie ein Spiegel alles vor ihm wiedergibt. Kompliziert wird es erst dann, wenn das siebte Bewusstsein aktiv wird, *manas*, das man auch das «verunreinigte Bewusstsein» nennt. Vollkommen verflochten mit dem Alaya-Bewusstsein greift es nach den auftauchenden Phänomenen und reproduziert die gewohnten Muster, Reaktionen und Bewertungen. Alaya ist das «Speicher- oder Basis-Bewusstsein», in dem seit unendlichen Zeiten alle Samen des Karmas, alle Erfahrungen und Neigungen eines Menschen aufbewahrt sind. Diese Prozesse laufen derartig schnell und reibungslos ab (im Buddhismus sagt man, das Bewusstsein sei schneller als das Licht), dass dadurch das Gefühl eines selbstständigen, unabhängigen und real existierenden «Ichs» entsteht. Gleichzeitig tritt all das auf, was wir laut Meister Dōgen nicht tun sollen: rational begründen, intellektualisieren, unterteilen, unterscheiden, benennen, vergleichen, beurteilen, planen ... Kurz, alles, was man als die geistige Aktivität bezeichnen kann, dieses wunderbare Werkzeug, das rationale Denken, das wir so lange Jahre trainiert und geformt haben und von dem wir meinen, wir beherrschten es. Diese Prozesse haben wir so fest in unseren Alltag integriert, dass wir uns nicht einmal mehr vorstellen können, auf eine andere Art zu denken. Wir haben endgültig die Wahl getroffen, dies für die Realität zu halten.

Die Zazen-Erfahrung zeigt uns, dass dem nicht so ist und dass es jenseits des dualistischen und persönlichen Denkens in Worten, dieses «Schweizer Taschenmessers», das Universum gibt, das universelle Bewusstsein, das Leben, so wie es ist, und nicht so, wie wir es interpretieren. Während des Zazen tun wir nichts anderes, als wieder mit diesen Spiegel-Bewusstseinsarten vertraut zu werden, nur «wissen, ohne zu beurteilen, kennen, ohne zu unterscheiden». Die Bewusstseinsarten und ihre Objekte verschmelzen wieder zur Einheit, so wie der Spiegel und das Spiegelbild, die nicht getrennt werden können. Wo ein Spiegel ist, da ist ein Spiegelbild. Wo ein Subjekt ist, sind Objekte.

Reicht es, wenn man Phänomen und Spiegelbild gleichsetzt? Wenn ich mich im Spiegel betrachte, kann man dann sagen, dass ich das Bild im Spiegel bin oder dass dieses Bild ich ist?

Meint hier jemand, er sei unendlich mehr als ein simples Spiegelbild? Nun, da hat er sicher recht. Aber der Spiegel ist kein Gefängnis und niemand ist ein Gefangener seines Spiegelbilds. Damit will ich sagen, dass wir nicht vergessen sollten, dass «der Spiegel und das Spiegelbild» nur eine Metapher ist, dazu da, um über etwas zu reden, worüber man nur schwer, wenn überhaupt, reden kann. Wir benutzen oft Metaphern, wenn wir über den Geist reden. Sie sind nützlich, um etwas zu veranschaulichen, aber uns ist bewusst, dass sie immer unvollkommen sind und nur Teilaspekte verdeutlichen. Wir drücken damit nur einen Aspekt der Dinge aus. Wir dürfen nie vergessen, dass sie nur Werkzeuge sind, deren wir uns bedienen sollten, wenn wir sie brauchen. Ein Hammer ist nützlich, um einen Nagel einzuschlagen, aber nicht, um damit auf alles draufzuhauen.

Bei diesem Spiegel handelt es sich auch nicht um einen gewöhnlichen Spiegel, wie man ihn kennt, wo eine Seite spiegelt und die andere nicht. Während des Zazen gleicht unser Körper-Geist einer Bewusstseinsperle, einem «Kugel-Spiegel», der rundum und auch nach innen reflektiert. Kein starrer Spiegel, sondern ein lebendiger. Die schönste Ausdrucksform dieses lebendigen Spiegels ist der Körper. Unser Körper ist immer präsent, ausschließlich präsent. Seine Beziehung zu den Phänomenen ist stets eine gleichzeitige. Wir sollten wieder lernen, uns in unserem Körper zu verankern. Er ist ein natürlicher und jederzeit präsenter Meister.

Meister Tōzan, der Autor eines grundlegenden Zen-Textes mit dem Titel Hōkyō Zanmai, «Der Samādhi des Schatzspiegels», schreibt: «Form und Spiegelbild betrachten einander. Ihr seid nicht das Bild, doch das Bild ist mit euch identisch.»

Das bedeutet unter anderem, dass ich nicht auf mein Spiegelbild reduzierbar bin. Man kann mich nicht in ein Spiegelbild einschließen. Genauso wenig darf ich mich mit diesem Spiegelbild identifizieren. Und dennoch, das Spiegelbild ist ich, zumindest zeigt es einige meiner Züge. Das Spiegelbild ist nicht das ganze Objekt. Das gilt für mein Spiegelbild im Spiegel. Das zu verstehen, fällt uns leicht. Dasselbe gilt aber auch für die weite Welt und für alle Wesen, die sich in meinen Augen spiegeln. Das zu verstehen, fällt uns dagegen schwerer.

In einem wichtigen Abschnitt des *Shōbōgenzō Genjō Kōan* sagt Meister Dōgen: «Wenn wir eine Seite erfahren, bleibt die andere im Dunkeln.» Wir können immer nur einen Aspekt der Dinge sehen. Bei Situationen, die wir in unserem Alltag erleben, nehmen wir stets nur einen Aspekt wahr. Unsere Ansicht hängt von unserer Position ab, von dem, was wir sehen können, von dem, was wir von unserer Position aus spüren können. Von dem, was wir mit unserem geistigen Werkzeug schlussfolgern oder voraussehen können. Aber egal wie brillant und intelligent wir auch sein mögen, vergessen wir doch, dass wir nur einen Bruchteil der Wirklichkeit wahrnehmen. Unser Blick auf die Dinge, die Situation, den anderen, ist also extrem subjektiv. Wir nehmen nur einen Bruchteil des gesamten Bildes wahr. Die Konfusion entsteht, wenn wir die Situation, den anderen, die Welt auf unsere Wahrnehmung davon festnageln. Dann ist unser Blick beschränkt und wir verwechseln unsere Wahrnehmung mit der Wirklichkeit.

Was wäre eine gute Einstellung?

Eine gute Einstellung wäre, das Ganze etwas von oben zu betrachten ... und rasch zu verstehen, dass mein Verständnis ganz von meinem Standpunkt abhängig ist. Sich sofort seiner Subjektivität bewusst werden und nicht aus der augenblicklichen Emotion oder Gewissheit heraus handeln. Die Dinge aber auch nicht «relativieren», sondern sie infrage stellen. Sonst weiß man gar nicht mehr, was man glauben soll oder verfällt dem Skeptizismus, einer noch verstärkt kopflastigen Haltung. Es wäre einfach gut, nicht zu voreilig Schlüsse aus unseren Erlebnissen zu ziehen, vor allem, wenn wir auf andere Menschen reagieren.

Spielt unser Gedächtnis eine Rolle bei unserer Neigung, Dinge oder Menschen in Schubladen zu stecken?

Eine Haupteigenschaft eines Spiegels ist es, kein Gedächtnis zu haben. Wie wir eben gesehen haben, erhält das Manas-Bewusstsein alle seine Informationen und Impulse vom riesigen Alaya-Gedächtnis. Ein wichtiger Punkt beim Spiegel ist, dass nichts Spuren hinterlässt. Unser ganzes Funktionieren ist beeinflusst von Spuren, vorgefassten Meinungen, Vorurteilen, Erfahrungen, die wir für wahr und endgültig halten und die wir in die Zukunft hineinprojizieren. Unablässig erbauen wir die Zukunft auf dem Fundament der Vergangenheit, der Erinnerung. Wir wissen heute, dass jemand, der komplett sein Gedächtnis verloren hat, nicht in die Zukunft planen kann, weil er auf keine Erlebnisse zurückgreifen kann, von denen er die Zukunft ableiten könnte. Ein «Ich ohne Vergangenheit» kann sich nicht in die Zukunft versetzen und ist in der Gegenwart verloren.

Die Zen-Praxis ist ein sehr wirksames Mittel gegen Grübeleien und alle Erinnerungen, die uns so oft das Leben schwer machen. Übrigens spricht man beim Spiegel von der Frische, von der Spontaneität im Augenblick, von einer Handlung, die frei von vorgefassten Meinungen und Vorurteilen ist. Das macht die Analogie interessant. Das bedeutet, dass wir nicht gemäß dem handeln, was wir für die Wahrheit halten, unseren Anhaftungen, Erfahrungen oder Ergebnissen ewig gültiger Erfahrungen und Schlussfolgerungen, sondern gemäß der augenblicklichen Situation, in der all das natürlich enthalten, aber nichts festgezimmert ist. Diese Einheit mit dem Augenblick ist eine Quelle großer Freiheit.

In einem berühmten Chan-Gedicht spricht man vom unablässigen Entstauben des Spiegels. Geht es darum? Im China der Tang-Zeit hatte der Abt eines Klosters seine Schüler aufgefordert, mit einem selbstverfassten Gedicht ihr Verständnis des Dharmas auszudrücken. Sein erster Schüler Jinshū schrieb: «Der Körper ist der Baum des Erwachens, der Geist ist ein Spiegel, den man täglich polieren und von Staub und Schmutz reinhalten muss.»

Darauf antwortete Enō mit einem eigenen Gedicht: *«Im Bodhi-Zustand gibt es keinen Baum … Eigentlich gibt es kein einziges Ding. Wo sollen Staub und Schmutz sich niederlassen?»* Das ist eine grundlegende Geschichte des Sōtō-Zen. Sie ist sehr kostbar, weil sie zeigt, wie weit diese Realität reicht. Es gibt einfach nichts, worauf der Staub sich absetzen könnte, wie wir vorhin bei dem riesigen Feuer der Wirklichkeit gesehen haben. Das erste Gedicht ist aber genauso wichtig. Keinesfalls lässt sich sagen, ein Gedicht sei besser als das andere. Sie sind absolut komplementär. Die Kommentare zu der Geschichte von Jinshū und Enō stellen die beiden Haltungen, das unterschiedliche Verständnis oft als Gegensatz dar. Aus ihnen Gegensätze zu machen, ist absurd, sind sie doch komplementär und bedürfen einander.

Ein grundlegender Teil unserer Praxis besteht darin, den Spiegel zu entstauben. Das ist sogar unsere Haupttätigkeit. Während wir den Spiegel entstauben, stellen wir fest, dass der Staub weder ein Problem noch ein Hindernis ist. Man könnte sogar so weit gehen, zu sagen, dass es ohne Staub keinen Spiegel gibt. Ohne Illusionen gibt es kein Erwachen. Wir praktizieren inmitten unserer Illusionen. Unsere Praxis und somit unser Erwachen gründen im Saṃsāra. Ein allzu oft missverstandenes Zen-Kōan lautet: *Bonnō soku bodai* – «Die Illusionen sind das Erwachen.» Die Illusionen sind gar das Material für das Erwachen. Das japanische Wort *bonnō* (*kleśa* in Sanskrit) bezeichnet «das, was stört, was quält», wie ein Staubkorn in unserem Auge. Man kann über die Ebene hinausgehen, wo man den Spiegel säubert, aber beide sind untrennbar miteinander verbunden.

Die Analogie vom Spiegel und vom Staub führt uns zu dem, was im Zen-Buddhismus «nicht-zwei» genannt wird. Wie Sie gerade gesagt haben, sind Spiegel und Staub keine Gegensätze, aber auch nicht dasselbe. Geschehen sie zeitgleich?

Ja, deswegen benutzt man auch lieber den Ausdruck «nicht-zwei» als das Wort «Einheit». All das geschieht gemeinsam und kann nicht getrennt werden.

Der Vergleich mit einem Spiegel lässt uns verstehen, dass das Phänomen und seine Spiegelung gleichzeitig etwas Verschiedenes und letztendlich aber ein und dieselbe Sache sind. Gilt dasselbe für andere Gegensätze?

Natürlich. Zum Beispiel die Leerheit und die Phänomene, ich und die anderen, das Gute und das Böse ... Alle Gegensätze gehen Hand in Hand. Jedoch – und hier stehen wir vor einem ganz großen Paradox unseres Lebens: *Ich* allein kann tun, was *ich* tun muss, obwohl dieses *Ich* keine substanzielle Realität besitzt.

In der Zen-Praxis arbeiten wir beharrlich an dieser Frage, auf die es keine Antwort gibt, an diesem Kōan. Die Lösung des Kōans kann nur im gegenwärtigen Augenblick entstehen, sie gründet auf keinem Verstehen, auf keinem systematisch anwendbaren Rezept. Das nennt man das *Genjō Kōan*: Jede Situation ist ein Rätsel, das nur im gegenwärtigen Augenblick aufgeklärt werden kann. Daher eine stetige Praxis. Die Spiegel-Metapher stellt unsere gewöhnliche Sichtweise infrage. Normalerweise funktionieren wir überhaupt nicht wie ein Spiegel. Anstatt zu akzeptieren, was ist, wählen wir beständig aus. Anstatt uns damit zufrieden zu geben, alles, was ist, mit einer vollkommenen Präsenz widerzuspiegeln, kommentieren wir, bewerten wir, nehmen wir oder blocken es ab, unterteilen, trennen wir ... Mit einem Wort: Wir ergreifen. Ja, wir «ergreifen» die Wirklichkeit, oder zumindest haben wir das Gefühl, dazu in der Lage zu sein.

Zu Buddhas Lebzeiten lebte ein großer Laienschüler namens Vimalakīrti. Einmal wurde Vimalakīrti krank und der große Bodhisattva Mañjuśrī besuchte ihn, um zu sehen, wie es ihm ginge. Ich lasse natürlich einiges von der Geschichte weg, die in einem bedeutenden Mahāyāna-Sūtra steht, dem *Vimalakīrti-Sūtra*, auch «Sūtra der nicht vorstellbaren Befreiung» genannt.

Mañjuśrī fragt: «Woran leidest du?»

«Ich bin krank, weil die Wesen krank sind», antwortet Vimalakīrti.

Es entspinnt sich ein Wortwechsel:

«Was ist die Wurzel dieses Übels?»

«Das Ergreifen.»

«Das Ergreifen wovon?»

«Das Ergreifen der dreifachen Welt.»

«Wie kann man dieses Ergreifen anhalten?»

«Indem man auf das Unauffindbare zurückkommt, denn im Unauffindbaren gibt es kein Ergreifen!»

«Was ist das Unauffindbare?»

«Das Ende des Dualismus.»

«Was ist Dualismus?»

«Die Erschaffung eines Innen und Außen, denn wenn Ihr sie sucht, werdet Ihr sie niemals finden.»

Genau das sollen wir während des Zazen tun. Die dreifache Welt, von der hier die Rede ist, die Welt der Wünsche, der Form und der Nicht-Form, das ist Saṃsāra, die Transmigration in unserem Leben Augenblick für Augenblick, in dieser «bedingten» Realität. Mit «Ergreifen» ist hier die Aneignung gemeint, die Identifikation mit jedem unserer Gedanken, die aus den vorhin erwähnten sechs Arten des Spiegelbewusstseins aufsteigen. Wir verdinglichen, wir verwandeln den Gedanken in ein Ding, einen Gegenstand. Das Manas-Bewusstsein «verfestigt» das, was von Natur aus nicht greifbar und undefinierbar ist. Damit erschaffen wir eine Dualität und damit ein Innen und ein Außen, Subjekt und Objekt, und im Schlepptau alle Arten von Leid. Unsere Haltung zu den Dingen hat überhaupt nichts mit einem Spiegel gemein. Wir funktionieren so automatisch, dass wir es nicht mehr merken. Ergreifen erscheint uns vollkommen natürlich. Es erscheint uns normal, dem zu folgen, was uns gefällt, und zurückzuweisen, was uns nicht gefällt. Dabei haben wir es meistens nur mit Vorurteilen und Schubladen zu tun.

Kann man sich auch außerhalb des Zazen ähnlich wie ein Spiegel verhalten?

Ja, natürlich, indem wir verstehen, was auch Vimalakīrti sagt: «Die Krankheitsursache gilt es zu beseitigen, das Ergreifen, und nicht die Phänomene. Alle Lehrreden zielen darauf ab, die Wurzel dieser Krankheit zu beseitigen: das Ergreifen, und einzig und allein das Ergreifen.» Die Sinnesobjekte an sich sind weder gut noch schlecht. Weder geht es darum, die Gedanken zu unterdrücken, noch sich in eine Höhle zurückzuziehen: Der Staub ist nicht das Problem. Wenn wir genau hinschauen, merken wir, dass wir uns die meiste Zeit schon wie ein Spiegel verhalten. Denken Sie an die vielen Dinge, die Sie sehen und die weder abstoßend noch anziehend auf Sie wirken. Wir sind seit einer Stunde in diesem Raum. Ich habe, «ohne zu sehen», alle Gegenstände hier gesehen, und nichts davon hat mich abgestoßen oder angezogen. Dieser Spiegel-Zustand ist unser natürlicher Zustand. Kommt jedoch Ergreifen ins Spiel, ähnelt das dem Wölkchen am Himmel, das die riesige Sonne verdunkelt.

Sollte ein Zen-Praktizierender eine neutrale Haltung einnehmen?

Diese «Neutralität» hat nichts mit Desinteresse oder Gleichgültigkeit zu tun und noch weniger mit einer Art Weltflucht. Vielmehr handelt es sich um eine Unparteilichkeit, die aus dem Einssein erwächst, ein anderes Wort dafür ist Gleichmut, eine unschätzbare Tugend. Man ist ganz bei den Dingen. Man folgt also nicht den gewöhnlichen Tätigkeiten des Geistes, die dazu führen, dass man von unbedeutenden Gedanken davongetragen wird, von Träumereien, die zu Wünschen werden und die meistens einen Leid erzeugenden Mechanismus haben.

Wenn Sie beim Eintreten in diesen Raum jemanden erblickt hätten, den Sie gerne mögen, den Sie seit Langem nicht gesehen haben, wie hätten Sie reagiert? Sie wären sicher spontan auf die Person zugegangen und die Gegenstände im Raum wären gewissermaßen verschwunden.

Wenn wir uns auf eine Sache fokussieren, verschwindet alles andere, das ist so. Genau das betreiben wir beide übrigens gerade: Sie stellen mir Fragen und ich versuche, darauf zu antworten. Währenddessen denken wir an nichts anderes, aber meine Antworten sind die Spiegelung Ihrer Fragen oder umgekehrt, sie sind der Spiegel Ihrer Spiegelungen. Wie wenn man zwei Spiegel einander gegenüberstellt: Sie spiegeln einander unendlich wider.

Sind wir dann also Spiegel, die auswählen?

Als Wortspiel könnten man sagen, dass wir sogar Spiegel sind, die reflektieren. Wir sollten uns weder in einen Spiegel verwandeln noch in eine steinerne Statue. Wenn es angebracht ist, zu denken, dann denken wir. Wenn wir Gefühle haben, haben wir sie ganz. Ohne Anhaftungen ... Dieser Samādhi des Spiegels kann auch zu einer Falle auf unserem Weg werden: Wir stagnieren in der Leere, haften an Zuständen seliger Freude, sehnen uns zurück nach Zuständen tiefen, inneren Friedens, sind mit uns selbst zufrieden und davon überzeugt, dass in diesen Zuständen der Zweck des Zazen liege. Solche Missverständnisse sind häufig und zahlreich. Das ist einer der Gründe, warum es sehr ratsam ist, mit einem erfahrenen Meister zu praktizieren.

Der Spiegel ist also kein Modell für unser Verhalten, sondern vielmehr ein Bild, das uns ermöglicht, besser zu verstehen, wie wir funktionieren? Wechseln wir ständig zwischen dem Spiegel und dem Ergreifen hin und her?

Durch die Zen-Praxis schleift sich ein tiefer Reflex ein. Jedes Mal, wenn der Mechanismus des Ergreifens einsetzt, «lassen wir los». Die Hand des Geistes öffnet sich und lässt den Gedanken los, genauso wie unsere Hand einen Gegenstand loslässt. Wir kehren dann «vor das Denken in Worten» zurück, vor das Denken, bevor die Dinge in Worte und Konzepte eingeschlossen werden. Bevor das Denken einsetzt, ist alles möglich, alles ist offen, wir befinden uns dann in der Nicht-Dualität mit dem, was ist. Von dieser «nicht erfassbaren Befreiung» spricht das Vimalakīrti-Sūtra. Das ist die aktive Seite von Zazen, die man das Hishiryō-Bewusstsein nennt. Damit berührt man die höchste Dimension des Zazen, *mushotoku*. Es gibt nichts zu verlieren, nichts zu gewinnen, nichts fehlt und nichts ist zu viel. Alles ist vollendet und erreicht, jetzt.

Glossar

BEDINGTES ENTSTEHEN: Jap. Innen. Synonym: «Wechselseitige Abhängigkeit». Die Gesamtheit der Interaktionsmechanismen, die das Erscheinen der bedingten Phänomene bewirken. Man spricht von den zwölf Kettengliedern der Kausalität: Die Unwissenheit, die Willenshandlungen, das unterscheidende Bewusstsein, die Bezeichnungen und Formen, die sechs Fähigkeiten der Sinne, der Kontakt, die Empfindung, der Durst, die Anhaftung, das Werden, die Geburt, das Alter und der Tod.

BODHIDHARMA: Indischer Meister, der zu Beginn des 6. Jahrhunderts nach China gereist ist und von dem die Tradition berichtet, er sei der erste Meister des Chan-Buddhismus gewesen. Chan ist eine Praxis, die der Meditation eine zentrale Bedeutung beimisst.

BODHISATTVA: Skt. *bodhi* = Erwachen, *sattva* = Lebewesen. Der Bodhisattva ist ein Mensch, der das Gelübde abgelegt, das Erwachen zu verwirklichen. Im Mahāyāna-Buddhismus gelobt der Bodhisattva außerdem, allen Lebewesen den Vortritt dabei zu lassen, «ans andere Ufer» zu gelangen.

DATSURAKU: Jap. Sich entäußern, sich aufgeben. *Shinjin datsuraku*, «Körper-Geist abwerfen» lautet die berühmte Formulierung, die Dōgen gegenüber seinem Meister Nyojō benutzte, kurz nachdem er erwacht war.

DHARMA: Der Begriff kann drei Bedeutungen haben:
- Universelles Gesetz
- Lehre Buddhas
- Jedwedes Phänomen (in dieser Bedeutung oft im Plural)

Die Unterweisung Buddhas stellt für die Buddhisten das universelle Gesetz dar, in dem sich die Phänomene manifestieren.

Dōgen (1200–1253): Einer der wichtigsten Meister der Sōtō-Zen-Tradition und in Japan als deren «Großvater» angesehen.

Dokusan: Privatgespräch zwischen einem Meister und einem Schüler.

Fukanzazengi: «Universelle Empfehlungen für die Zazen-Praxis», ein Text, den Dōgen im Jahr 1227 nach seiner Rückkehr aus China verfasst und 1242/1243 überarbeitet hat.

Gasshō: Bezeichnung für die japanische Art der Begrüßung. Man legt die Hände aneinander und verneigt sich.

Genjō Kōan: Das Kōan des gegenwärtigen Augenblicks. Titel eines Kapitels des *Shōbōgenzō* von Meister Dōgen.

Geschickte Mittel: Skt. *upāya*. Die beim Bodhisattva in höchstem Maß ausgeprägte Fähigkeit, unter den jeweiligen Umständen das geeignetste Mittel zu finden, um die Lebewesen auf dem Weg des Erwachens fortschreiten zu lassen. Man spricht auch von «heilsamen Mitteln».

Hishiryō : Jap. *hi* = was nicht zu etwas gehört, was jenseits von etwas ist; *shiryō* = das Denken, geistige Aktivität. Hishiryō bezeichnet den Zustand des Geistes während des Zazen.

Kalpa: Sehr lange zeitliche Spanne, «kosmisches Zeitalter».

Karma: Skt. «Handlung». Karma bezeichnet jede Handlung des Körpers, der Worte und des Geistes. Gemäß dem karmischen Gesetz ist jede Handlung ein Samen, der eine Frucht hervorbringen wird.

Kōan: Ursprünglich «öffentlicher Aushang». Im Zen-Buddhismus bezeichnet das Wort ein Problem, das man nicht allein durch Nachdenken lösen kann. Die Tradition des Rinzai-Zen hat aus dieser Art von Rätseln, die der Meister seinem Schüler aufgibt, ein Charakteristikum seiner Lehre gemacht.

Laṅkāvatāra-Sūtra: Sūtra über die Ankunft Buddhas in Laṅkā. Text, den Bodhidharma der Überlieferung gemäß während seiner Predigten in China weitergegeben haben soll. Er ist einer der wichtigsten Texte des Chan-Buddhismus.

MAHĀYĀNA: Skt. *mahā* = groß, *yāna* = Fahrzeug. Im Buddhismus ist das Mahāyāna oder «große Fahrzeug» eine der zwei Hauptauslegungen der Buddhalehre. Die andere ist der Theravāda, auch (etwas abwertend) Hīnayāna, das «kleine Fahrzeug» genannt.

MONDŌ: Jap. «Frage-Antwort». Bezeichnet die rituelle Art und Weise, in der ein Schüler einem Meister eine Frage stellt.

MUSHOTOKU: Jap. «ohne Absicht von Gewinn». Das Wort bezeichnet den uneigennützigen und altruistischen Geist, den der Praktizierende haben sollte.

NIRVĀṆA: Skt. «Erlöschen». Austritt aus dem Kreislauf von Saṃsāra.

PĀRAMITĀ: Skt. «anderes Ufer». Man übersetzt dieses Wort im Allgemeinen mit «Tugend». Die sechs Pāramitās beschreiben die Tugenden, die ein Praktizierender entwickeln sollte: Die Freigebigkeit, das ethische Verhalten, die Geduld, das Bemühen, die Meditation und die Weisheit.

PRAJÑĀ: Skt. «Große Weisheit».

ŚĀKYAMUNI: Einer der Namen des historischen Buddha. Der Buddha nannte sich Siddhārtha Gautama und gehörte dem Stamm der Śākyer an.

SAMĀDHI: Sammlung, tiefe Konzentration, Versenkung. Ein Zustand des Geistes, der in der Meditation verwirklicht wird.

SAMĀDHI DES SCHATZSPIEGELS, HŌKYŌ ZANMAI: Titel eines der der großen Texte des Chan, geschrieben im 9. Jahrhundert von Meister Dòngshān Liángjiè (jap. Tōzan Ryōkai).

SAṂSĀRA: Kreislauf von Tod und Wiedergeburt.

SAṄGHA: Gemeinschaft der Praktizierenden.

SHIKANTAZA: Jap. «nur sitzen». Ausdruck gleichbedeutend mit «Zazen», der Meditation im Sitzen.

Shiki soku ze kū, kū soku ze shiki: Ausdruck aus dem «Sūtra der Großen Weisheit», den man mit «Die Erscheinungsformen sind Leerheit, die Leerheit ist die Erscheinungsformen» übersetzen kann.

Shinjinmei: Abhandlung über «Das Vertrauen in den Geist». Einer der Haupttexte des Chan-Buddhismus, verfasst im 6. Jahrhundert vom dritten chinesischen Patriarchen Sēngcàn (jap. Sōsan).

Shōbōgenzō: «Schatzkammer des wahren Dharma-Auges». Sammlung der meisten theoretischen Schriften Meister Dōgens.

Śīla: Die Lebensregeln oder Gebote, zu deren Befolgung der buddhistische Praktizierende sich verpflichtet.

Sūtra: Text, der die mündlichen Äußerungen Buddhas enthalten soll. Zuerst nur mündlich überliefert, wurden diese Unterweisungen im 2. Jahrhundert v. u. Z. schriftlich festgehalten.

Tripitaka: Skt. «Die drei Körbe». Im frühen Buddhismus bezeichnet dieser Ausdruck die Gesamtheit der Texte, die den buddhistischen Kanon ausmachen. Der erste Korb enthält die Sūtren, die Unterweisungen Buddhas, der zweite die Vinayas, die Verhaltensregeln für die Mönche und Nonnen, der dritte die Kommentare der großen Meister.

Vier Edle Wahrheiten: Erste Unterweisung von Buddha Śākyamuni. Die Wahrheit des Unbefriedigtseins (Skt. *dukkha*); die Wahrheit seiner Ursachen; die Wahrheit ihrer Auflösung; der achtfache Pfad, um dorthin zu gelangen.

Vinaya: Skt. «Disziplin». Gesamtheit der Verhaltensregeln für Mönche und Nonnen.

Zazen: Jap. *za* = sitzen, *zen* = Meditation. Meditation im Sitzen.

Zwölf Kettenglieder der wechselseitigen Abhängigkeit: Siehe «Bedingtes Entstehen».

Im gleichen Verlag:

Meister Dōgen

Shōbōgenzō

Die Schatzkammer des wahren Dharma-Auges

erstmals aus dem japanischen Urtext ins Deutsche übersetzt, vollständige Ausgabe in 4 Bänden, mit reichhaltigen Anmerkungen von Zen-Meister Gudō Wafu Nishijima

Diese Referenzausgabe des wichtigsten Textes des Sōtō-Zen beruht auf der japanischen Ausgabe des Originaltextes von G. W. Nishijima-Rōshi und wurde in enger Zusammenarbeit mit ihm von Ritsunen Gabriele Linnebach übersetzt. In dieser Übersetzung ging es einerseits darum, den japanischen Quellentext inhaltlich so genau wie möglich zu übersetzen und andererseits diesen Text trotz seiner Schwierigkeit in eine möglichst klare und verständliche Sprache zu bringen. Dies folgt dem Anliegen Dōgens, Zen einer breiten Öffentlichkeit zugänglich zu machen und sich nicht auf eine Gruppe Gelehrter zu beschränken. Eine Fülle von Anmerkungen, die den Text erläutern, soll diesem Anspruch in umfassender Weise gerecht werden.

Gebunden, ISBN 978-3-921508-90-9 / -91-6 / -92-3 / -93-0

Meister Dōgen

Unterweisungen zum wahren Buddha-Weg: Shōbōgenzō-zuimonki

hrsg. v. Shōhaku Okumura. 4., überarb. Auflage, gebunden, ISBN 978-3-932337-68-0

Das Shōbōgenzō-zuimonki ist eine Sammlung spontaner Dharma-Ansprachen, die Dōgen seinen Mönchen aus unterschiedlichem Anlass hielt, sowie von Frage-und-Antwort-Sequenzen zwischen Dōgen und seinem wichtigsten Schüler Ejō Koun. Ejō-Zenji war es auch, der diese Reden niedergeschrieben hat. Dōgen führt darin keine buddhistische Philosophie aus — obwohl er nebenbei immer wieder darauf Bezug nimmt —, sondern gibt seinen Schülern auf einfache und lebendige Art Anweisungen, Beispiele und Hinweise zur Lebenseinstellung und zur Lebensweise, die dem von ihnen gewählten Weg Buddhas gemäß sind.

Im gleichen Verlag:

Philippe Coupey
Tun und Lassen
Zen und das Entdecken
des Wirklichen
ISBN 978-3-948378-07-3

Roland Rech
Die Fallen auf dem
Zen-Weg neu
ISBN 978-3-948378-14-1

Shōhaku Okumura
Die Verwirklichung der Wirklichkeit
«Genjōkōan» – der Schlüssel
zu Dōgen-Zenjis Shōbōgenzō
ISBN 978-3-932337-60-4

Shōhaku Okumura
Durch Gelübde leben
Eine Einführung in die Gelübde
und Rezitationssutras des Zen
ISBN 978-3-932337-71-0

Werner Kristkeitz Verlag

Löbingsgasse 17 • 69121 Heidelberg • www.kristkeitz.de